ポジティブ・チェンジ

Positive Change

自分を変えるのに
頭も根拠も
希望もいらない!

メンタリスト
DaiGo

日本文芸社

プロローグ

楽しみながら自分を変えるポジティブ・チェンジとは？

「もっと有能な人間に変わりたい」
「このネガティブな性格をなんとか変えたい」
「とにかく変わりたい。新しい自分になりたい」

世の中には、変わりたいと望んでいる人がたくさんいます。この本を手に取ったあなたも、きっとその1人でしょう。

そして、変わりたいと望む人たちのために、「自分を変えるための方法論」もあふれています。

それはビジネス本や自己啓発本であったり、ネット上のライフハック（仕事術）系記事であったり、あるいは様々なセミナーであったりします。

次から次へと供給される、変化のための新たなノウハウ（なかには、パクリ、焼き直しの類《たぐい》もありますが……）を見ていると、気づくことがあります。

それは結局、こうした方法論では、ほとんどの人は変わっていないということです。変わりたいのに変われない。それで、また次のノウハウに手を出す……。だから次から次への自己啓発本やセミナーが登場し続けるのでしょう。

いつも「変わりたい」と願っているのに、変わるのは手にしている本だけ。「人生が変わる」「性格が変わる」と称するセミナーに足を運べば、どこかのセミナーで見かけた人たちがまた参加している……。

こういうことも珍しくありません。

こんなふうに書くと、あなたはこう思うかもしれません。

「変わりたいと願い、自分を変えるためにたくさんの本を読み、セミナーなどにも参加してみた。でもぜんぜん変わっていない。まさに自分のことじゃないか」と。

誤解しないでいただきたいのですが、これまであなたが変われなかったのは、あなたのせいではありません。

人間の脳には変化を嫌う性質がある

「変わりたい」と心から願いながら、それでも変われない。その理由は、2つあります。

1つ目は、そもそも人間の脳は変化を嫌うということです。

「変化を嫌う？　いやいや、自分は本気で変わりたいと思っているよ！」

もちろん、あなたはそうでしょう。しかし、あなたの脳は違います。

人間の脳は「変わらなくても生きていける」と思っているのです。

脳を含め、人間の体は現状を維持しようとする性質を持っています。これをホメオスタシスといいます。たぶん、どこかで聞いたことがある言葉でしょう。

ホメオスタシスについて、簡単に説明しましょう。

たとえば、あなたが甘いものを食べたとします。そのときには血糖値が上がります。そうすると、脳はインスリンというホルモンを分泌する指令を出して血糖値を抑えようとします。

これがホメオスタシスの一番わかりやすい例です。血糖値が上がりっぱなし、あるいは下がりっぱなしでは体の機能が損なわれます。だから、ホメオスタシスはとても大事な機能です。

さらに、**最近では、アロスタシスという機能も注目されています。**

血糖値の上昇という変化を感知すると、これに対応して血糖値を下げるのがホメオスタシスでした。これに対して、甘いものを目の前にした瞬間に、「これから血糖値が上がるぞ」と予測して、先に血糖値を下げ始める機能も脳は備えているのではないか、と言われているのです。これがアロスタシスです。

ホメオスタシスもアロスタシスも、一定の状態を保つための、とても優秀なシステムです。つまり、これほど高性能のシステムを必要とするほど、人間の脳と体は変化を嫌うということなのです。

あなたが「変わろう」と思った瞬間に、あなたの脳と体は「これから変化しそうだから、変わらないようにしなくてはいけない」「行動を制限しなければいけない」という方向に動くというわけです。

「困ったものだ」と思いそうですが、生存本能から考えれば当たり前のことです。生き延びることだけを考えるならば、今、サバイバルできているのに、わざわざ違う環境に飛び込む必要は基本的にないからです。

今と同じように行動していれば、今と同じように生きてはいける。人間の脳と体、言い換えれば生物としての人間は、安全パイをとろうとするものなのです。

だから、変化を避けようとするのです。まずこのことを理解しておく必要があります。だとすると、それでも変わろうとするならば、変化を嫌い、変化に抵抗する脳と体を押さえつけ、努力と根性で変わるしかないのでしょうか。

そんなことはありません。

ところが、これまでの「変わるための方法論」の多くは、基本的にこの「努力と根性」の考えに立っていました。これこそが、あなたが変われなかった理由の2つ目なのです。

努力と根性だけでは人は変われない

当たり前の話ですが、つらいことを努力と根性で耐え抜くような方法は、持続可能ではありません。

変わりたいと願っている人は、理想の自分＝変わった後の自分を思い浮かべれば、少しはつらいことにも耐えられるでしょう。

理想の体形のモデルの写真を貼っておいて、つらいダイエットに耐える、というような場合です。

しかし、そんな我慢《がまん》が長続きするわけがないのです。

そもそも、変わるための過程が「つらいダイエット」と感じられてしまっている時点で、もう失敗が約束されているようなものですよね。世の中には間違った「変わるための方法論」が横行しているということです。

これまでの「変わるための方法論」は、目標をしっかり持つこと、変わることに成功し

た自分をイメージすること、などによってつらいプロセスを乗り越えるものばかりでした。

つまり、変化はうれしいことだけれども、**変化の過程はつらいという前提だったのです。**

実は、この前提をひっくり返したことこそが、本書の特色です。

そして、本書によって、あなたが今度こそ変われる理由もここにあります。

それはどういうことなのでしょうか。


その前にちょっと私自身の話をさせてください。

私は、1年半ほど前から「ライザップ」に通ってウェートトレーニングを始めました。

おそらく、「あのメンタリストDaiGoがウェートトレーニング?」と驚く方が多いのではないでしょうか。確かに、私はそれまで27年間の人生で運動の経験はありません。

そういう人間がトレーニングを始めるというのはどういうことか。

初めてベンチプレスをしたときは、プレート(おもり)を付けていないバーだけでも持ち上げることができませんでした。しかも、翌日はベッドから起き上がれず、筋肉痛は1週間続きました。

そんな感じで週2回、1回50分のトレーニングを始めた私が今どうなっているかという

と、まず、トレーニングの回数が週4回になりました。しかも、1回の時間は80分。軽く倍以上の量のトレーニングをみっちりやるようになったのです。

筋肉が付いて体重は7～8キログラム以上増え、ベンチプレスでも60キログラムを持ち上げられるようになりました。

我ながら、大きな変化だと思います。

ここで、考えてみてください。

もしも私が、「今はベンチプレスのバーさえ持ち上げられないけど、いつか60キログラムを持ち上げられるようになろう」という目標に向かって頑張ったとしたらどうでしょう。

もしそんなことをしたら、おそらくトレーニングは続かなかったはずです。

目標である60キログラムを達成するまでは満足感は味わえません。1年半にわたって、ひたすら我慢するだけだからです。

まさに、変化はうれしいけれども、その過程はつらいということです。

しかし、実際の私の経験は違いました。

ウェートトレーニングをしていると、日々、自分の限界を体感することができます。一

番小さい２・５キログラムのプレートを増やしただけで、それまで上がっていたバーベルが上がらなくなる。このわずかの差の間に自分の限界があるのか、と目に見えるようです。

さらに、また何回かトレーニングを積んでいくと、上がらなかったはずのバーベルを挙げられるようになるわけです。

もちろん、調子が悪くていつも挙げられる重さが挙げられないこともあります。

日々、自分の限界を体感して、それを越えていく。

この変化の過程が面白いから、トレーニングが続いたのです。

そうでなければ、とても1年半も継続できなかったでしょう。

本当に変わるための方法論がここにある

そろそろ本題に話を戻しましょう。

この本を読めば、あなたは必ず変われると私が断言するのはなぜか。

それは、目標をしっかり持ってつらい過程に耐えるのではなく、つらさをごまかす方法

を教えるのでもなく、この本では、変化の過程そのものを楽しめる「変化の方法論」をお教えするからです。

これまでの多くの方法論では、変わった結果はうれしいけれども、その過程はつらいものでした。なおかつ、人間の脳と体は変化を実は嫌っているわけですから、変わろうとした人が感じるのは不安、恐怖、めんどうくささ……という負の感情でした。

そのネガティブな感情のまま、頑張るしかなかったのです。

この本を読めば、変化の過程自体が楽しさ、面白さ、ワクワク……といったポジティブな感情に満たされるようになります。

変化の結果、ポジティブな自分になれるというだけではなく、変化の過程がポジティブな時間に変わる。それが、『ポジティブ・チェンジ』という書名の意味です。

どうすれば変化の過程がポジティブに変わるのか、その方法論は決して難しくありません。

STEP1では、変わるための、たった3つのルールをお教えします。

STEP2では、変化を起こすための7つのスイッチを提案し、あなたにふさわしい

やり方を考えてもらいます。

そして、ＳＴＥＰ３では、変化の過程を楽しみ、まずは「変わり続けられる自分」に変わるための５週間のトレーニングを紹介します。

この３つのＳＴＥＰで、あなたは必ず変われます。

さあ、さっそくページをめくってみてください。

これまで誰も教えてくれなかった、本当に変わるための方法を、あなたにお教えしましょう。

２０１５年９月

メンタリストＤａｉＧｏ

『ポジティブ・チェンジ』目次

プロローグ　楽しみながら自分を変えるポジティブ・チェンジとは？

STEP 1
「なりたい自分」になるには頭も根拠も希望もいらない

ルール 1

頭はいらない

ルール 2

根拠はいらない

ルール3 希望はいらない

STEP 2 人生が劇的に変わる！ 7つのスイッチ

スイッチ 5

環境

スイッチ 6

外見

スイッチ4 モノ

スイッチ2

言葉

スイッチ3

友人

スイッチ1

時間

スイッチ7

食事

STEP3

潜在能力を最大限に引き出す！ 5週間トレーニング

第1週

A4の紙に自分を書き出す

第2週

「新しいこと日記」をつける

第3週

「めんどうくさい」を行動のサインにする

カバーデザイン／萩原弦一郎（デジカル）
撮影／天野憲仁（日本文芸社）
スタイリスト／永瀬多壱（VANITÊS）
本文デザイン／玉造能之（デジカル）
本文イラスト／堀内歩美
編集協力／山根裕之
構成／川端隆人

STEP 1

「なりたい自分」になるには頭も根拠も希望もいらない

変わりたいけど変われない人が陥りがちな3つのカン違いとは？

STEP1では、ポジティブ・チェンジの第一歩として、

「変わるための鉄則」

と呼ぶべき3つのルールについて説明していきます。

ルール1　頭はいらない
ルール2　根拠はいらない
ルール3　希望はいらない

なぜこれら3つのルールから説明するかというと、多くの人が自分を変えるために「頭」「根拠」「希望」が必要だとカン違いしているからです。

「性格を変えたい」

「新しい自分に変わりたい」

「こんな人になりたい」

……というように変化を望みながら、変わることができない人は多くいます。

その原因についてはプロローグでもホメオスタシスの原理から説明しました。

変わるためには、変化を嫌う人間の性質に逆らう必要があり、そのための工夫が必要です。

そこで、変化の妨《さまた》げとなる要素を取り除かなくてはいけません。

変化を邪魔《じゃま》する要素、より具体的に言えば、変化を引き起こすための行動を邪魔する要素とは何か、それをいかに排除すればいいか。

このことをまとめたのが、3つのルールというわけです。

たとえばあなたは、ダイエットをしたいと思ったときに、ジムに通う予定を綿密に立てたことはないでしょうか？

びっしりと書き込んだtodoリストを横目に見ながら仕事をしていないでしょうか？

これらは、自分を変えようとする人、特に「意識の高い」人なら当たり前のようにやることですが、すでに「頭」を使ってしまうことによって逆に変化を妨げる罠《わな》にはまっています（なぜ、そうなるのかは、この後に詳しく説明します）。

あるいは、

「転職したいけど、自分には学歴がないし……」

「積極的な性格になりたいけど、昔いじめられていたから内向的なのはしょうがない」

といった、変化を妨げる言い訳をしてしまうことはありませんか？　きっとあるはずです。これは、変化の「根拠」を求めることで行動ができなくなる、という落とし穴です。

さらには、こんな人もいるかもしれません。

「現状には不満だらけだ。今の自分のままでいいとは思っていない。でも、今みたいに景気が悪くて、一寸先は闇という時代に、頑張って自分を変えようという気は湧いてこない」

確かに、高度成長期のような、頑張れば高確率で人生が好転した時代には、未来への希望に後押しされて自分を変えた人も多かったでしょう。

しかし、だからといって、「希望」がなければ行動できない、変われないと思ってしまうのは、これもまた大きな間違いなのです。

変化のためには必要ない、それどころか有害でさえあるのに、なぜか変わりたいと思った人がとらわれてしまう「頭」「根拠」「希望」。

これらについて理解すれば、

「人が変われない理由」

そして、

「人が変わるための鉄則」

が見えてきます。

では、さっそくポジティブ・チェンジのSTEP1で、3つのルールを学んでいきましょう。

ルール
1

頭はいらない

あれこれ考えて、結局やらないのはなぜ？

自分を変えるには、どうしたらいいのか。

おそらく、この本を手に取ったあなたはそう考えて、答えを見つけようとしているはずです。

まずは、

「自分を変えるにはどうしたらいいのか」

と考えることをやめてください。それが、第1のルールです。

自分を変えるために頭はいりません。つまり、考える必要はない。むしろ、考えることは変化を妨げます。

頭はいらない、と言われても、すぐには納得できないかもしれません。

「考えずにどうやって行動するんだ？ 考えてから行動するのが普通じゃないのか？」

という疑問が生じるでしょう。

実際、**自分を変えたいと思ったとき、多くの人はまず、「どうやったら変われるだろう？」と考え、思い悩むものでしょう。**

しかし、実はこのとき、すでに変化から逃げていることにお気づきでしょうか。考えることによって、行動を先延ばしにしているのです。

「どうやったら変われるだろう？」「自分が変わるために何が必要だろう？」、さらには「自分はどんなふうに変わりたいのだろう？」などと、頭であれこれ考えるのは、行動したくないからです。

本当は、行動して自分を変えたくない。だから考えるし、思い悩むのです。

考えることで行動を先延ばしする、そして結局は行動しない、だから変われない、ということになるわけです。

人は考えるほど
行動しなくなる

考えると

↓

行動が先延ばしになる

↓

変われない

頭で考えるより
行動する
ことが大事

「準備してから行動」では永遠に変われない

この、**「頭はいらない」をもう少し具体的なイメージで説明してみると、「準備はいらない」ということです。**

起業家や経営者を見ていてわかるのは、成功する人たちはだいたい「見切り発車」であるということです。

つまり、行動してから準備をする。あるいは、行動しながら準備をします。

逆に、まず見かけないタイプが「準備してから行動して、成功した」という人です。

起業にせよ転職にせよ、成功するには周到な準備が必要だ、という言い方をされるのが一般的です。

「成功するためには段取りが大事」だとか、「戦略的に行動せよ」などと言われますが、要するにしっかり考えて、ちゃんと準備をして動きなさい、という意味でしょう。

けれども、行動するためにはこれこれの準備が必要、という考え方は大変危険です。

なぜなら、裏を返せば「準備ができなかったら行動しない」ということだからです。

つまり、「準備」のことを考え始めた段階で、行動しない理由をすでに作ってしまっているわけです。

きちんと準備をして、いろいろな条件を整えてから行動しようとする人は、必要なものが揃わなかったら行動しない人である、ということになります。

そして、準備が完了することなど永遠にありません。

だから、いつまでたっても行動できないし、自分を変えられないのです。

アップル創業者のスティーブ・ジョブスは、スタンフォード大学卒業式で行なった有名なスピーチで「将来をあらかじめ見据えて、点と点をつなぎ合わせることなどできません。できるのは、あとからつなぎ合わせることだけです」と語っています。

大学を中退し、ブラブラしていた若き日のジョブスは、たまたま潜り込んだカリグラフの授業に熱中しました。このとき彼が得た書体に関する知識は、後にマッキントッシュを設計するときに、大いに役立ちました。

このときのジョブスは、マッキントッシュの設計を準備するためにカリグラフの授業を受けていたわけではありません。将来これを役立てようなどとは考えず、ただ自分の興味の赴くままに、行動しただけなのです。

準備とは、必要な条件を整えることです。しかし実際は、行動しなければ何が必要かさえわからないのです。

たとえば、私の趣味はゴルフですが、別にゴルフに関する知識を一通り手に入れてから始めたわけではありません。あるいは、「プロはどんな道具を使っているのか」「初心者向けのクラブはどんなものだろう」といったことを事前に調べたわけでもありません。

実際には、お世話になっている人からプレゼントされたゴルフセット一式を持って、とりあえず始めてみたのです。そして、プレーしているうちにだんだんと、必要なものが見えてきました。

最小限の準備であなたは変われる

また、私は最近、ニコニコチャンネル（『メンタリストＤａｉＧｏの「心理分析してみた！」』）でのインターネットの生放送を始めたのですが、このときも同じです。

始めたきっかけは、運営会社であるドワンゴからの依頼があったことでした。興味を持ったので、やってみようと思ったのですが、ここで「動画を生配信するには何が必要か。

カメラはいる。それも、アングルにバリエーションをつけるために2台は欲しい。すると
スイッチャーも必要……」などと考え始めると、いつまでたっても実行できません。
そこで、考えたのは「最小限」の準備だけをすること。ウェブカメラだけを買って、さっさと動画配信を始めてしまったのです。
その上で、視聴者の方から「もう少し音質を上げてほしい」という要望があったのでマイクを追加する、というようにして少しずつ機材を導入していきました。最小限の準備しかしなかったからこそ、スムーズにニコニコチャンネルに参入できたわけです。

ついでに言うと、「自分を変えるのに最小限の条件は何だろう?」と考えるというのは、うまいやり方です。最小限の条件なら、実現しやすく、いつまでたっても「条件が整わないから」と理由をつけて変われない、という落とし穴を避けやすいからです。

自分を変えるための最小限の条件は、たとえば、「髪を切る」かもしれないし、「眼鏡をコンタクトに代える」かもしれないし、「ビールをやめてワインを飲む」かもしれません。

具体的に何を変えるべきか。変化に慣れるためにどんなトレーニングをしていくべきか。

これらについてはこの後の項で詳しく見ていきます。**とりあえず、1つだけ変える。小さ**

くてもいいから変える。このような発想を持っておくといいでしょう。

人間は、課題を10個こなそうとすると、1つも手が付けられずに終わってしまう一方で、1つの課題だけに専念して終わらせると、その成果に味をしめてもっと行動したくなり、結果10個以上の課題をこなせてしまうものです。

「最小限」のルールを意識するだけで、どんどん変化しやすくなるのです。

なぜ立派な計画ほど計画倒れするのか

ただ、「準備してから行動する」という考え方でもよい例外はいくつかあります。

1つは、そもそも周到な準備をする役割を与えられている戦略家の場合です。

もう1つは、行動する期日が決まっている場合です。

たとえば、「○月○日にこのプロジェクトを始動する」という期限を切って、発表しているような場合は、「期限までの2カ月でがっちり準備をして行動しましょう」というやり方もOKです。行動せざるを得ないからです。

しかし、「自分を変えたい」と思ったときに期限を切る人はまずいません。仮に期限を切ったとしてもその拘束力は、ほぼないに等しい。だから変われないのです。

こと自分を変える、性格を変えるといったことについては、「準備してから行動する」という考え方は完全に排除するべきです。

このように、考えることは行動を妨げます。行動できなければ、変化できない。だから頭はいらないわけです。


もっとも、「考えると行動できなくなる」という人間の性質にも、使い道はあります。やや本題からは外れますが、説明しておきましょう。

繰り返しますが、考えること、準備することは行動を妨げます。ということは、「やってはいけないことをやらない」ためには、考えることが有効なのです。

たとえば、浪費グセのある人が、「コートが欲しい」と思って、いきなりお店に行ったら買ってしまうでしょう。下手をしたら、2着、3着と買い込むかもしれません。

そうではなく、「コートが欲しい」と思ったら、まずはネットで今季に流行《はや》っているコートをいろいろと見てみる。通販のカタログやファッション誌も参照しながら、自分に似合いそうなコートをピックアップして、さらに予算を考慮しながら候補を絞っていく……といったことをしていきます。

すると、最終的に「このコートを買おう」と決定した頃には、「まあ、別に今は買わなくてもいいか」と買いたい欲求が消えてしまっている。

何か行動したい（この場合は「コートを買いたい」）という欲求が生じたとき、その行動のための計画を立てると、欲求は抑制されます。計画は欲求を消費してしまうのです。

仕事中の雑念を追い払う付箋の使い方

このことを、手軽に実感できる方法があります。

集中して仕事をしなければいけないときに、不意に片付けをしたいという欲求が湧いてくることはありませんか？　私はよくあります。

そんなときは、**付箋《ふせん》に「部屋の片付け」とか「デスクの整理整頓」とか書いて、手帳やスマホに貼り付けてしまいましょう**。これは、要するに「今やっている大事な仕事が終わった後に、片付けをする」という簡単な計画です。

これだけのことで、「片付けをしたい」という欲求が収まって、仕事に集中できるようになるはず。計画は欲求を消費し、抑制してくれるということです。

旅行に行こうと思ってガイドブックを買ってきて、あれこれとスケジュールを立てていたら、それだけで満足してしまった。あるいは、旅行に行ったものの、思い返してみると計画を立てているときが一番楽しかった。そんな現象が起きるのも、同じメカニズムです。

このように、計画は欲求を消費します。考えることで、行動のために必要な意志力が半分、使われてしまうと言ってもいいでしょう。

この原理をうまく使えば、やってはいけないことを抑制するのに役立ちます。

しかし、変わるために行動しなければいけない人にとっては、計画することは行動の妨げ、変化を邪魔することになってしまうというわけです。

to doリストはタスクを3つに絞る

ちなみに、やるべきことをやるためのツールと見なされているto doリストも、ここまで述べたことを踏まえずに使うと、かえって有害です。行動をむしろ邪魔してしまうのです。

そもそも、ｔｏ ｄｏ リストを使う意味は、たくさんのやるべきことがあり、それが常に念頭に浮かぶことによって行動を邪魔するのを防ぐためです。

つまり、考えてしまって行動できないことを防ぐツールなのです。

だとすると、やるべきことをすべて書き出したｔｏ ｄｏリストを見ながら行動する、というのは最悪です。

10個、20個とタスクが書き出されたリストを見ることで、今やっていること以外のことについても考えてしまうからです。考えてしまうと、その分、行動力が消費されてしまいます。

そうならないためには、ｔｏ ｄｏ リストの作り方、使い方を工夫する必要があります。

まず、**1つ目の解決策は、リストアップするタスクの数を減らすこと。**

具体的には、ｔｏ ｄｏリストには常に3つしかタスクを書き出さないようにします。そして、その3つを終えるまでは、他のタスクのことを考えない。3つを完遂したら、改めてｔｏ ｄｏリストを作ります。もちろん、このときもタスクは3つです。

もう1つの方法は、リストを隠すこと。

思いつくかぎりのタスクを全部書き出したほうがすっきりするという人もいるでしょう。その場合は、ｔｏ ｄｏリストに10項目でも、20項目でも書いてかまいません。

ただし、この場合、行動する際には３つだけタスクを選び出し、別の紙に書き写すなどして、元のリストは隠してしまいます。そして、３つのタスクを終えるまでは、他のことについては考えないようにします。

ちなみに、たとえば20のタスクから３つのタスクを選ぶとして、20個全部を優先順位で並び替え、上から３つを選ぶ、といったことはしないでください。20項目をソートするのは相当な労力ですから、こんなところで意志力を消費するのはもったいないです。

リストを見て、パッと目に入ってきた３つを直感的に選べばいいでしょう。

さらに実践的なアドバイスとしては、選び出した３項目は、それぞれ付箋に書きましょう。そして、３枚の付箋を重ねます。

すると、目に見えるのはただ１つのタスクだけになります。余計なものが目に入らず、このことだけに集中できます。タスクが終了したら、付箋を剥《は》がして捨てれば、次のタスクが見える、というわけです。

私は、この３枚組の付箋をスマホやノートに貼っていつも持ち歩くようにしています。

3つのタスクに絞る
メンタリストDaiGo流 付箋術

①

- 企画書を書く
- 経費を精算する
- 会議の資料をまとめる

to doリストから、直感的に3つのタスクを選び、付箋に書き出す

②

3枚の付箋を優先順に重ね、一番上のタスクだけが目に入るようにする

③

一番上のタスクが終了するまで、他のタスクには手をつけない。
一番上のタスクが終了したら、付箋を剥がし、次のタスクにとりかかる。

これさえあれば、他にｔｏ ｄｏを管理するツールは必要ありません。

なお、**3つのタスクを選んで付箋に書く作業は、前日の夜にやるといいでしょう。**優先順位を付け、取捨選択といった作業は意志力を消費するので、朝の創造的な時間を使うのはもったいないからです。

夜のうちに明日やるべきことを決めてしまって、朝は悩まずに行動を開始する。そのほうが仕事が捗《はかど》りますし、新しいアイデアを生み出したりする余裕も生まれます。

新しい行動をどんどん増やしていく

自分を変えるということは、行動を変えたことによってそのフィードバックとして心理的な部分が変わることです。

このプロセスは、スポーツをイメージするとわかりやすいでしょう。

再びゴルフを例に取りましょう。たとえば、いつも球が右に曲がってしまう人がいるとします。

なんとかうまくなりたいと思って練習しているのですが、球は大抵右に曲がってしまいます。でも、何度も打つうちに、芯を食って真っ直ぐ奇麗に飛んでいくことが何回か起こる。さらに打ち続けると、いつの間にか毎回芯に当たるようになり、真っ直ぐ250ヤード飛ぶことが当たり前になります。

そのとき、この人は初めて「ゴルフができる自分になった」と変化を認識します。

つまり、**変化を感じるのは、行動が変わった後だということです。**

逆に、ゴルフがうまくなりたいからといって、頭の中でいろいろと考えても、うまくなることはあり得ませんよね。

「そんなことをしている暇があったら練習をすればいいのに」

と思うのが普通でしょう。

このゴルフの例を見ると、自分を変えようと頭の中で考えることがいかに愚かであるか、わかると思います。

たとえば、「自分は人見知りをするので直したい」と思ったとします。

では、人見知りをする人が、「自分は変わった。人見知りが直った」と思うのはどうなったときでしょうか。

初対面の相手にも堂々と自己主張できるようになった。
偉い人が居並ぶ会議の席でも発言できるようになった。
知らない人にも自分から声をかけられるようになった。

こうした行動を自分で認識したときです。

ということは、人見知りをする人が自分を変えるためには、具体的に行動を変えなければいけません。

暫定的に、1つだけでもいいので、新しい行動を取っていくのです。

自分が変わったと感じられる行動はすぐに答えが出るので、考える必要はありません。

その行動をさっそく実行に移すのです。

とりあえず、出社したらいつもは挨拶をしない人に挨拶をする、でもいい。
1日1回は上司に意見を言う、でもいい。
まずは行動を変えることです。

そして、思いつくままに、新しい行動をどんどん増やしていくことです。

もちろん、最初のうちは「人見知りをする自分」らしい行動と、「(人見知りを直した)堂々とした自分」にふさわしい行動とが交じり合っている状態でかまいません。

ゴルフの練習を始めても、最初のうちは球が大きく曲がるときと、ときどき真っ直ぐ飛ぶときが交じり合うのと同じことです。

それでも、新しい行動、つまり「堂々とした自分」の行動を少しずつでも増やしていくことで、次第に新しい行動に慣れてくる。新しい行動の比率がさらに増えていく。

そしてあるとき、完全に「堂々とした自分」として行動していることに気づき、「自分は変わった」と認識できるのです。

必要なのはまず行動です。

CHECK POINT

自分が変わったかどうかは、行動して振り返ったときにわかる。

ルール
2
根拠はいらない

トラウマさえも武器にできる

自分を変えたいなら、まずは行動を変えるべきです。そのためには新しい行動を今すぐ、1つでもいいから始めること。

それに一応納得できたとしても、まだ行動できない人もいるでしょう。

「そうは言っても、忙しくて新しいことを始める余裕がない」

「周りにいる人たちに理解がないから、きっとうまくいかないだろう」

「自分は臆病だから」

こんなふうに、自分が変われない理由をあれこれ考えてしまう人がいるのではないでしょうか。

しかし、それは間違った考え方です。

理由があるから変われないのではありません。変わりたくないから、変われないのです。

変わることによって不安を抱えたり、変わるために努力をしなければいけなかったり、ということがイヤなので回避したい。でも、「俺はこのままでいい」というのはプライドが許さないから、「変わりたくても変われない理由」を後付けしているだけです。

これは、最近『嫌われる勇気』（岸見一郎・古賀史健共著、ダイヤモンド社）がベストセラーになって流行している、アルフレッド・アドラーの心理学で説明することができます。

フロイトやユングと並び称されるアドラー心理学の特徴の1つは、それが目的論であるということです。

フロイトやユングの心理学は、現在の感情の原因として、過去に何があったのかに注目する原因論の心理学です。言い方を換えると、「過去の心理学」ということができるでしょう。

これに対して、アドラーの目的論は、「今を生きる心理学」です。過去は関係ない、今と未来があるだけだと考えるのです。

そこから出てくるのが、「使用の心理学」という考え方です。

アドラー心理学では、感情は道具であり、喜びであろうと、怒りであろうと、悲しみであろうと、都合に合わせて出し入れできるものだと考えます。

ですから、たとえば怒って人を殴った場合、フロイトやユングは怒りという感情に引っ張られてつい殴ってしまったと考えます。

アドラーの場合は、相手を殴り倒すために、怒りという感情を作り上げたと考えるのです。

相手との対立を解決するために、対話や説得という方法もあるけれど、めんどうだから相手を殴って力でねじ伏せたい。そこで、道具として怒りという感情を使った。これが使用の心理学による感情の解釈です。

この考え方によれば、**「怖いし、不安だから変わるための行動が取れない」という人は、変わりたくないから、「怖い」「不安」といった感情を使用している、ということになります。**

同様に、「過去に人間関係のトラウマがあるから、人と接するのが怖い」という考え方も、アドラー心理学では「人に拒否・拒絶されるのがいやだから、人間関係を避けるためにトラウマを持ち出して使用している」と解釈します。

フロイトやユングのように、過去のトラウマが原因で現在の感情があるのではなく、今の感情は未来の目的のためにあるもの、と見るわけです。


たとえば私について言えば、過去の人間関係のトラウマは「自慢」できるくらいあると思います。いじめられっ子で、ずっと人に拒絶されて生きてきたようなものだからです。

では、私が人間関係を避けるようになっているかというと、そうではありません。私には確かに人間関係のトラウマがあり、劣等感もありました。だからこそ人の心を知ろうとし、積極的に人と関わり、勉強をしようとした。その結果、人の心に通じた専門家という現在のポジションについたわけです。

いじめられていたから対人恐怖症になった、貧乏だったから大学に行けなくて成功しなかった、とふてくされる人は、原因論に縛られています。

そうではなくて、いじめられていたからこそ人とうまく関わる方法を追求する、貧乏で苦労したからこそ、絶対に金持ちになってやろうと歯を食いしばって頑張る人もいます。

これは、過去のトラウマや不幸な境遇さえも、自分を変えるための道具として使うということです。つまり、目的論によって未来を切り開こうとしているわけです。

人はつい根拠を求めてしまう

たとえ、過去にどんなことがあろうと、それは未来において自分が変われない理由にはならないのです。

むしろ過去を、未来を変えるために利用してしまいましょう。

こうした考え方は、第2のルール、「根拠はいらない」につながります。

ここで言う根拠とは、「自分は変われる」「変わったら幸せになれる」といったことに根拠はなくていい、ということです。

変わろうとして行動しようとしても、

「でも、今まで変わろうとしたのに変われなかった。本当に自分は変われるだろうか？」

「意志の弱い自分でも大丈夫だろうか？」

「大した才能もないし、うまくいくわけがない」

「だいたい、変わったからっていいことなんかあるのか？」

といった疑問が頭をもたげてきてしまう人がいます。そういう人は、つい「自分は変われる」ということの根拠を求めてしまうのです。

しかし、そんな根拠はありません。というのは、**未来のことは誰にもわからないからです。**だから、行動しない。結果、変われない。これが大多数の人です。

変わるためには、ここでも目的論的な考え方でいきましょう。

鉄鋼王カーネギーが成功した理由

たとえば、「成功してお金持ちになりたい」と思ったとしましょう。

このとき、変わるための根拠を求めてしまうと、

「自分は大した学歴もないし」

「貧乏で、事業を始める資金もない」

「仕事だってできるほうじゃないしなあ」

といった発想になり、根拠がないから行動しないことになってしまいます。

しかし、目的論的な考え方ができるとどうなるでしょうか。

過去の自分、現在の自分がどうであれ、与えられた境遇を「成功してお金持ちになる」という目的のためにどう利用できるか、という発想になるのです。

そうすると、**たとえば学歴でハンデがあるとか、貧乏であるということは「その分、ハングリー精神があるから恵まれた連中には負けない」「失うものが少ないから、思い切って勝負ができる」という利用の仕方が考えられます。**

あるいは、今の会社で仕事がうまくいっていないとしたら、「だからこそ、サラリーマンよりも自分で事業をやるほうが向いているということだ」と考えることもできるわけです。

実際、**「鉄鋼王」と呼ばれたアンドリュー・カーネギーは、自分が一番恐れるのは、私よりも貧乏でつらい境遇にあった人たちだ、と言っています。**

カーネギー自身、貧しい移民の子であり、少年時代から低賃金の工場で働き始め、苦労して身を起こした人です。つまり、恵まれない境遇を利用して未来を切り開いたからこそ、アメリカンドリームの象徴ともいえる「鉄鋼王カーネギー」は生まれたのです。

ですから、過去を変われない理由にするのは、もうやめましょう。

「いじめられていたから、人間関係をうまく築けない」

「いい先生と出会えなかったから、数学が嫌いになった」

「家が貧しくて進学できなかったから、学歴がない」


こうした過去を、未来のためにどう使うか。それを考えた瞬間に、もう人は変わり始めることができるのです。

他人と比べるよりも自分の武器を生かそう

「そうは言っても、やはり能力や才能の差はある。自分にはないものを持っている人がいる」

と思うかもしれません。

たとえば、

あの人は頭がいいから、勉強をするにしても自分とは成長のスピードが違う。

あの人はルックスがいい。だから、自分よりもはるかに上司やお客さんに気に入られる。

あの人は営業のセンスがあって、自分がどんなに努力しても太刀打ちできない。

あの人は親のコネがあって、自分より昇進が早い。


……というようにです。

こういう考え方は、他人と自分を比べています。

本当に自分を変えたいなら、他人と比べた時点でアウトです。

なぜなら、他人と自分を比べる人は、自分を変えようとするのではなく、他人になろうとしているからです。

すでに言ったように、自分を変えるためには、自分の過去を見つめて、それをいかに使うかを考えなければいけません。

つまり、自分にしかない武器をいかに使うか、が勝負なのです。

そこで、自分にないものを他人の中に見て、それを羨《うらや》むのは無駄でしょう。

どんなに頑張っても他人にはなれません。

自分をうまく変えられた人、特に成功者と言われる人たちは、自分にしかない武器を使って成功しています。

たとえば、マイクロソフトの創業者のビル・ゲイツのプレゼンは、スティーブ・ジョブズのそれと比べるとずいぶん見劣りがします。

だからといって、ビル・ゲイツがスティーブ・ジョブズの天才的なプレゼン能力を羨んで、「自分にはそれがないからだめだ」と考えたでしょうか。そんなことはないでしょう。

ゲイツは自分をジョブズと比べるのではなく、自分にしかない武器を見極め、それを使うことによってウィンドウズで世界を制覇したのです。

さて、私は、ご存じのように数年前まではテレビでのパフォーマー的、タレント的な仕事がメインでした。

でも、自分を見つめた時に、進むべき道はここではない、と感じました。もともと研究者を志していた自分が一番好きなことは、勉強であり、本に囲まれて生きていくことだと思ったのです。

そこで、現在の著述や企業へのコンサルティングを中心とした道に進みました。結果として、テレビに出ていた頃よりも人生の満足度が圧倒的に高まりました。

自分を変えるためには、参照していいのは過去の自分だけ。それも、過去の自分をどう利用できるのか、という目的論的な使い方だけにしましょう。

ないものを求めるのではなく、あるものをどう使うかが大事なのです。

ここから、今、何をするべきかに迷ったときのための、実践的な行動の指針も導き出せます。

人は何をするべきかと迷い悩んでいるだけで、どんどん行動力が失われていきます。どうせ行動力が消費されてしまうのだから、悩むよりもとっとと行動してしまったほうがいいとは思いませんか。

考えて行動しないよりは、行動してしまってから考えたほうが、たとえ失敗したとしても次に生かせる経験が得られるからマシなのです。

失敗を恐れない勇気を手に入れるための唯一の方法は、失敗の先に成功があるということを実感することです。

失敗してそこで終わりではなく、まだ成功していないだけと考えて努力や挑戦を継続する。こうすることで初めて本当の成功体験が得られるのです。

失敗するのは早ければ早いほど良いでしょう。

早ければ早いほど、挽回し立ち直る時間は十分にあるし、そこから得られた経験を生かすチャンスもたくさんあるからです。

むしろ、今、失敗できたことをラッキーだと考え、それを生かすチャンスに目を向けましょう。

未来の自分は今の自分の行動が作る

最後に、それでも過去の自分を根拠にして「やっぱり自分は変われないよ」と思ってしまう人に、アドバイスをしておきましょう。

過去の自分を根拠に変われないと思っている人は、「過去の自分が今の自分の根拠である」という信念を強固に持っているわけです。

だとすれば、その信念を利用すればいいのです。

未来の自分から見れば、今の自分が「過去の自分」ということになります。

未来のために
今の行動を変えよう

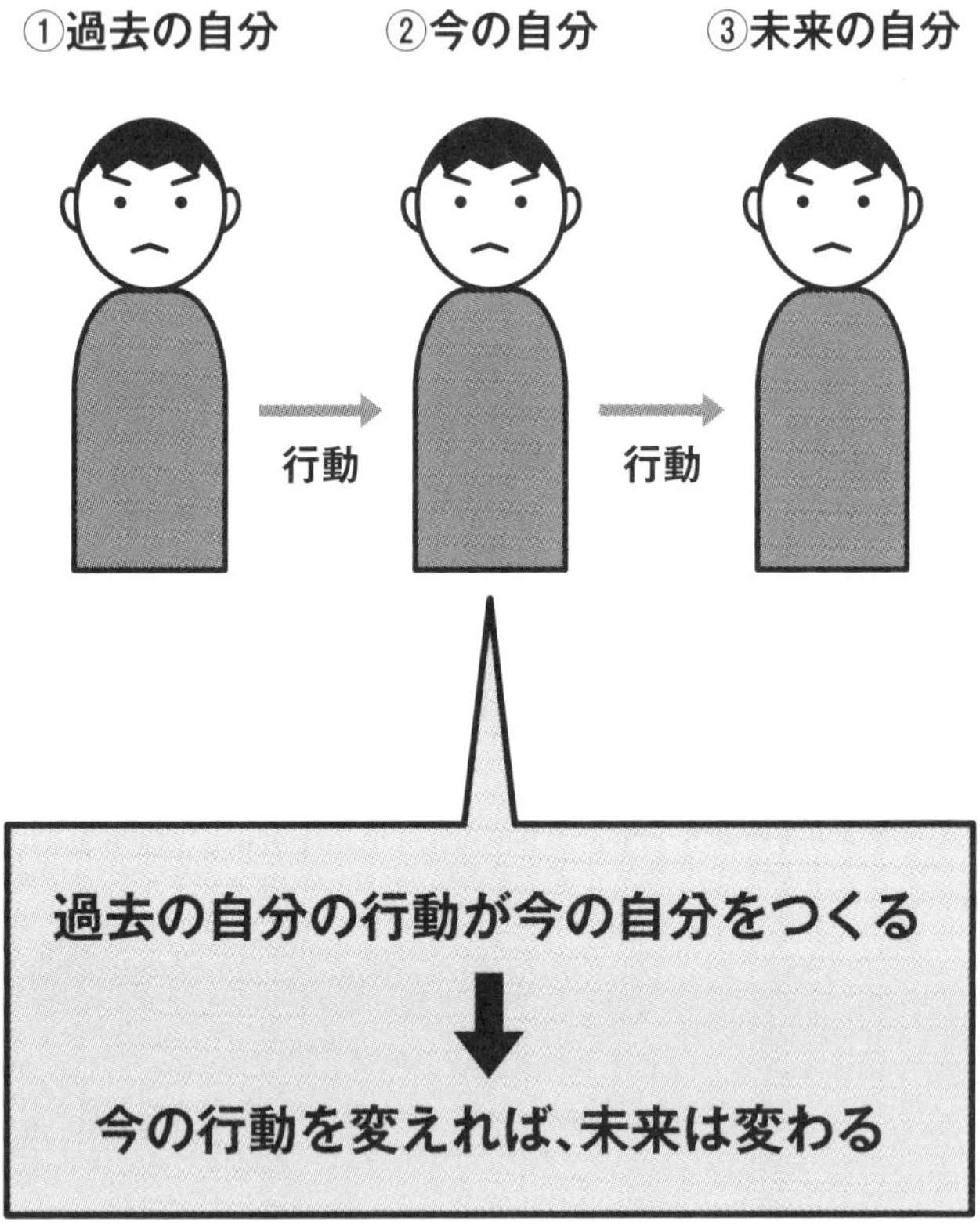
①過去の自分
②今の自分
③未来の自分
行動
行動
過去の自分の行動が今の自分をつくる
今の行動を変えれば、未来は変わる

つまり、**今の自分は、未来の自分にとっての根拠となる。ということは、今の行動を変えれば、未来の自分は変わるはずです。**

そこで、何をするべきか迷ったときは、こう考えましょう。

「将来の自分が今の自分を見た時に、『あの日あの行動を取ったから、今の成功があるのだ』と思えるような行動をしよう」

たとえば、10年後に、経営者として成功しているあなたが、振り返ってみて「10年前のあの日、ふと思い立ってやってみたあのことが、成功のきっかけだったなあ」と思えるような行動は何でしょうか。

今、あなたが思い浮かべたその行動が、未来のあなたにとっての根拠になるのです。

CHECK POINT

過去の自分にとらわれている人ほど、これからの自分を大きく変えられる。

ルール3

希望はいらない

初対面の美女をモノにするための思考法とは？

目的論的な姿勢ができると、自分を変える根拠は必要なくなり、また自分を変えられない理由にも目が向かなくなります。

すると、自分をいくらでも変えられると感じられるようになり、行動を起こせるようになってきます。

よく、「自分を変えようと思っても、未来に希望がない」と言う人がいます。希望があるからこそ、「自分を変える努力」をするモチベーションが生まれる、ということなのでしょう。

しかし、行動を起こせるようになれば、希望は必要ありません。

第3のルール、「希望はいらない」です。

なぜなら、行動できること自体が希望だからです。

ネガティブ思考の人にありがちなのですが、何が起こっても全部マイナスに捉える人がいます。

たとえば街を歩いていて、きれいな女性と目が合ったとしましょう。その女性が目をそらしたとして、ネガティブ思考の人はこんなふうに考えてしまいます。

「自分に魅力がないから、気持ち悪いと思われた。それで目をそらしたんだ」

これに対して、同じことが起きてもまったく違うことを考える人がいます。

「俺に魅力があったから、照れて目をそらしたんだな」

さて、あなたの思考は、どちらに近いでしょうか。

どちらの捉え方が事実に近いかはわかりません。

しかし、確実に言えることは、自分を変えるために役立つのは後者の考え方です。成功する人の思考と言ってもいいでしょう。

なぜかというと、それが行動に結び付く考え方だからです。

たまたま目が合ったきれいな女性と付き合いたいと考えた場合、まずは声をかけなければ何も始まりません。

たとえ、本当に相手が自分のことを「気持ち悪い」と思ったとしても、コンタクトをとって、コミュニケーションを始めないかぎりは、知り合いになることさえできないのです。

「ああ、目をそらされた。とても話しかけるなんて無理だ」と思ってしまう人は、結局行動することができないままで終わってしまいます。

逆に、**たとえ事実がどうあれ、「相手は自分に魅力を感じた」と考えられる人は、声をかけるという行動に出ることができるわけです。**

これもまた、行動するために起こったことを利用しているので、目的論的な姿勢です。**行動できるように考えられる習慣をつけておけば、それだけで変わることができ、成功するチャンスは生まれるということがわかるでしょう。**

だから希望はいらないわけです。

別の言い方をすれば、希望が欲しいなら、自分の中に勝手に見いだしてしまえばいい、ということです。

街で出会った美女に
目をそらされた場合
目をそらしたのは
気持ち悪いと
思ったからだ
俺が魅力的だから
照れて目を
そらしたんだな
①ネガティブな人
=
声をかけられない
②ポジティブな人
=
声をかけられる

5分で行動力を上げるホルモンを脳内にあふれさせる方法

行動すること自体が希望である。

行動するだけで、希望が生まれる。

これは、心理学的にもはっきりと裏付けられることです。

「作業興奮の原理」をご存じでしょうか。

手を動かすなどの作業をし始める、つまり行動すると、脳内にドーパミンが出る、ということです。

ドーパミンはホルモンの1つですが、その性質をひと言で表すと、「期待のホルモン」です。

ドーパミンが出ることによって、人は不安や憂鬱《ゆううつ》から解放され、やる気が出てくる。

つまり、**行動することによって「これをやったらもっといいことが起こるんじゃないか」とさらに行動に駆り立てられるのです。**

この作業興奮の原理は、ライフハック（仕事術）的に応用されることもあります。

「やらなければいけない仕事があるのに、どうにもモチベーションが上がらないときには、とりあえず5分だけでもいいから手を動かしてみるとよい」

というような話を聞いたことがあるのではないでしょうか。

また、ドーパミンはギャンブルに夢中になっている人の脳内でも大量に分泌されていることが知られています。ドーパミンが出ているからこそ、どんどんお金を吸い取られながらも、パチンコをやっている人たちはさらにお金を注ぎ込むという行動に駆り立てられていくわけです。

これなどは、期待が成就されるかどうかは疑わしい例ですが、ドーパミンが期待を生み出す強い力を持っていることはよくわかります。

行動することによって、ドーパミンが出て「いいことが起こりそうだ」「もっと行動しよう」と感じられるようになる。そして、さらに行動できるようになる。

これは、「行動すること自体が希望である」ということそのものです。

ドーパミンは期待のホルモンである、と言いましたが、希望もまたドーパミンが作り出す感情だと言えるでしょう。

行動が希望を作り出す、行動そのものが希望であるというのは、決して精神論ではありません。

行動によってドーパミンが分泌する、という科学的に裏付けられた脳の仕組みから、確実に言えることなのです。

行動が、あなたのあらゆるネガティブな感情を排除する

『人を動かす』であまりにも有名なデール・カーネギーは、著書の中でこんなエピソードを紹介しています。不幸な事故で夫を失った、女性探検家の話です。

世界中を旅しながら野生動物を撮影して回っていた彼女は、あるとき、飛行機が山に激突するという事故に遭いました。それで最愛の夫を失ったばかりか、自身も重傷を負ってしまいます。

普通だったら耐え難い不幸です。「自分も一緒に死んでしまったほうがましだった」と思っても不思議はないでしょう。

ところが、医者から寝たきりになることを宣告されたこの女性は、事故から3カ月後に

は車椅子に乗って聴衆に向かって講演をしていました。その後も講演活動を精力的に続けて、大成功を収めたのです。

普通の人なら絶望してもおかしくない状況で、彼女が立ち直ることができたのはなぜでしょうか。

何か、支えになるような希望があったのでしょうか。そうではありません。頑張れた理由を聞かれて、彼女は「悲しんだり苦しんだりする暇をなくすためにそうした」と答えています。

希望があったどころではなく、放っておいたら不安や悲しみに心を占領されてしまう。じっと寝たまま悲しみに耐えることなんてとてもできはしない。だから、無理をしてでも精力的に活動し、忙しくすることにした、というわけです。

この心理は、私にもとてもよく理解できます。

母を亡くした時の私も同じようにしたからです。

もちろん、母を失ったことは悲しい。そこに希望を見いだすことなどできるはずもありません。だからこそ、ただ悲しみに耐えることはとても不可能でした。

そこで、必死になって本を読み、勉強に没頭することで、なんとか悲しみを排除したのです。

今でも私は、不安や恐れ、悲しみなどネガティブな感情が湧いてきたら、とりあえず何かをすることにしています。

つまり、落ち込みそうになったら行動し、その行動に没頭するのです。

ポジティブ心理学の権威、ミハイ・チクセントミハイ（クレアモント大学院大学教授）が提唱した有名な概念に「フロー」があります。

人が、そのときやっていることに100パーセント没頭している状態のことです。

スポーツでいう「ゾーンに入った」状態と同じものだと考えてください。

ランニングや水泳をする人は、長時間の練習をしているうちにこの領域に踏み込んだ経験を持つ方も多いでしょう。また、仕事や勉強に打ち込んで、気がつくと夜が明けていた、というのも典型的なフロー状態です。

フロー状態にはいくつかの要素があるのですが、そのうちの1つが、「自我の消滅」です。行為に没頭するあまり、自分に対する意識が弱まっていき、ついには今やっていることと自分とが融合してしまう。活動との一体化です。

フロー状態では、悲しみも、恐怖も、不安も感じません。それどころか、楽しいという感情さえも消えてしまうわけです。

つらい状況、絶望しそうな状況だからこそ行動する。すると、すべてのネガティブな感情を消し去ってくれる。このことは、心理学的にはフローという概念で説明できるのです。

このように説明すると、行動し、変わるために希望が必要なわけではない、ということを、改めて納得していただけるのではないでしょうか。

いかに行動することが大事かがおわかりいただけたでしょうか。

そして、希望がないから行動できない、という考え方の愚かさも理解できると思います。

行動の前に希望はいらない。まずは行動、なのです。

CHECK POINT

やる気が出たから行動するのではない。
行動し始めてからやる気が出る。

STEP 2

人生が劇的に変わる！7つのスイッチ

7つのスイッチをONにすれば、あなたは自然に変わる

「自分を変えるために必要なことは、考えることではなく行動を変えることである」

このことを踏まえた上で、では、具体的にどんな行動を、どのように変えていけばいいのでしょうか。

ここで考えてしまっては意味がありません。「考える」ことによる行動の先延ばしの罠にはまってしまいます。

そこで、さっそく具体的にアドバイスしていきましょう。

STEP2において、変えるべきポイントは、7つです。

1. 時間
2. 言葉

3. 友人
4. モノ
5. 環境
6. 外見
7. 食事

これら7つについての「行動を変える」ためのスイッチをONにしましょう。

なぜ、この7つなのかはそれぞれの項目で詳しく説明しますが、ここでも簡単に述べておきましょう。

まず、時間。どのように時間を使うかは、その人の生き方、習慣そのものです。これを変えると大きな効果があるのは言うまでもありません。また、どのように時間を使っているのかは客観的に現状を把握しやすいというメリットもあります。

言葉は、思考の道具であり、人の考え方を規定します。

一方、他人とのコミュニケーションの道具でもあり、自分の内面、他者の反応の両方に影響するので重要です。

友人、モノ、環境の3つは、すべて含めてあなたを取り巻いている存在です。つまり、あなたの感覚にインプットされる情報のもとです。インプットが変わることによってアウトプットも変わるわけですから、これらの要素を変えることは、自分を変えるための近道です。

外見は、あなたが他人に与える印象の大部分を占める視覚情報を決定するものですから、相手からの扱われ方を劇的に変えます。それによって、自分自身が変わっていくわけです。

最後は食事です。何かを食べることは、まさに自分を作ることです。自分を構成する材料から変えることで、根本的に自分を変えることができます。

また、食事は人間にとってきわめて大事な行為であるために、人間関係などにも影響を及ぼすことができます。

ＳＴＥＰ２では、これら７つのポイントが、自分を変える上でどのように有用かをまずは理解してください。

その上で、「自分はこのポイントに関しては変化させやすそうだな」「これは苦手な分野だ」といったことをなんとなく把握しておきましょう。実際に変化を起こすための行動に入る際に参考になるはずです。

また、自分を変えるためのトレーニングについては、ＳＴＥＰ３で説明します。このＳＴＥＰ２でも簡単に自分を変えられる具体的なアクションを随時紹介しています。もしも気になったものがあれば、すぐに実践してみましょう。

できれば、これまであまり変えてこなかったポイントについて変化を起こしてみるのがお勧めです。

スイッチをＯＮにして、実際に行動してみると、世界観がガラリと変わるのを感じられて、驚くこともあるでしょう。

また、行動すること、変化することに少しずつ慣れておけば、ＳＴＥＰ３のトレーニングにも入って行きやすくなるでしょう。

スイッチ 1

時間

行動を変えるための時間の使い方

初めに変えるのは、時間です。

時間の使い方、1日の過ごし方を変えるのです。

と言うと、

「毎日会社に行かなければいけないのに、時間の使い方なんて変えられるわけがない」

と、早速「変われない理由」を思いついてしまう人もいるでしょう。

人間はなんとか変わらないようにしようとする生き物ですから、仕方がないですね。

ただ、仕事が忙しい、職場での拘束時間が長い、といった事情は、実は時間の使い方を変える上では決して障害にはなりません。むしろ、有利な面さえあるということは、後で説明します。安心してください。

さて、ライフサイクル、あるいは1日をどのように過ごしているか、ということは、かなり性格や、物事の選択の仕方に影響します。

今の自分を変えたいのならば、まずは特定の時間に必ずとっている行動、つまり「時間と結び付いた習慣」を変えていきましょうということです。

必ずこの時間にはこれをする、という行動を、普通は習慣と呼びます。これは、かなり自分と強力に結び付いている行動です。

繰り返しますが、自分を作っているのは行動でした。自分を変えるには、行動を変えなければいけない。

ということは、毎日毎日必ずやっている強力な行動を変えるのが、一番手っ取り早く自分の内面的な部分を変える方法である。ということになります。

自分の「時間割」を把握しよう

まず、やるべきことは、自分の「毎日必ずやっている行動」をピックアップすること。

これは、書き出してみるのがいいでしょう。たとえば、

朝起きるのは何時でしょうか？
家を出るのは何時でしょうか？
最寄り駅では、何時何分の電車に乗りますか？
電車に乗っているのはどのくらいの時間でしょうか？
会社に着く時間は？
昼休みは何時から何時まででしょう？
終業時間は？　いつも残業する人なら、だいたい何時まで働いているでしょうか？
会社を出た後は真っ直ぐ帰宅しますか？　それともどこかに寄ることが多い？
夕食は何時頃に取りますか？
寝るのはいつも何時くらいですか？

……こんなふうに書き出していくと、自分の生活の「時間割」が出来上がります。
もし、曜日によって大きく時間の使い方が変わるのなら、それこそ学校の時間割表のよ

うに、1週間の時間の使い方を書き出してもいいでしょう。

ともかく、こうして時間割が出来上がりました。

これを、変えていくのです。

もちろん、変えられないこともあるでしょう。

たとえば、会社の定時が9時から18時なら、この時間を会社の仕事以外にあてることはできません。

けれども、実際の仕事の仕方、あるいは時間の意味づけを変えることはできるのです。

なぜ、スティーブ・ジョブズは早起きだったのか

一番変えやすいのは起きる時間です。

仮に今、毎朝7時に起きているとしたら、5時起きに変えてみましょう。

するとどうなるか。朝、会社に行く前に2時間の新しい時間が生まれます。

これは、ただの2時間ではありません。

実は、**朝起きてからの2時間というのは、人間が最もクリエイティブな活動ができる時**

間であると言われています。

アメリカのデューク大学心理学・行動経済学教授のダン・アリエリーは、朝、完全に目が覚めてからの（ここがポイントです）2時間が「最も生産的な時間」であり、この貴重な時間を高度な認知能力を要する仕事に使うべきだ、と言っています。

平たく言えば、頭を使う仕事に一番向いているのは朝の2時間だ、ということです。

ということは、起きてすぐに支度をして会社に向かう、という生活では、もっとも生産的な時間を「電車に揺られること」とか、「メールチェック」とかに使うことになってしまうわけです。とてももったいないことです。

だからこそ、**世界の名だたる経営者たちはみな「超」が付くほどの早起きです。**あのスティーブ・ジョブズも、彼の後を継いでアップルのCEOになったティム・クックも、スターバックスを創業したハワード・シュルツも、ヴァージン・グループを率いるリチャード・ブランソンも……。

朝起きて、他の社員が起きるより前に自分のやるべきことをやる。新しいことを考える。ジョブズに至っては、毎朝、鏡を見ながら自分の心の中を「マーケティング」していたそうです。

それだけの意味がある貴重な2時間を、早起きすることで作れるわけです。

さらに重要なのは、この2時間が朝の2時間だということ。

考え事をするのに最適な時間は午前中です。時間が遅くなればなるほど、つまり夜になればなるほど、ついネガティブなことを考えやすくなってしまうからです。

ということは、**朝、早く起きることによって、ポジティブに、創造的に考える最適な時間を捻出できるわけです。この時間を仕事に使うのも、勉強に使うのも自由です。これだけでも人生が大きく変わることは想像できるでしょう。**

「不安を感じやすい時間」を生活から追放するには?

さらに、**早起きにはもう1つのメリットがあります。**

今まで7時に起きていた人が、睡眠時間を変えずに5時に起きるためには、2時間早く寝なくてはいけません。

夜の1時に就寝していた人なら、23時に寝ることになります。

つまり、夜の時間が2時間分減るわけです。するとどんないいことがあるでしょうか。

まず、無駄に考え込まなくなります。先ほど、夜になるほどネガティブに、重く、深刻に物事を考えてしまうと言いました。この悪い思考の時間を減らせるわけです。

次に、睡眠の質を下げる活動が減ります。

夜、無駄に考え込みながら起きている時間には、見るともなくテレビを見たり、パソコンでSNSを閲覧したり、スマートフォンを触ったりといったことをしがちです。

これが何を引き起こすか、最近ではよく言われていることなのでご存じでしょう。寝る前に明るいディスプレイを長時間見ることは不眠の原因になります。

睡眠の質が下がれば、疲れがとれなくなります。肥満の原因にもなります。脂肪を溶かす効果がある成長ホルモンの分泌が悪くなるからです。


しかし、**2時間早く起きるようになれば2時間早く寝ることになります。これはポジティブな時間が増え、ネガティブな時間を減らすことにつながります。**

作家・評論家の佐藤優《まさる》さんは『読書の技法』（東洋経済新報社）の中で、ドイツの神学者、ディートリヒ・ボンヘッファーの言葉を紹介しています。いわく、

「夜は悪魔の支配する時間なので、夜中に原稿を書いてはいけない。夜中に原稿を書くことを余儀なくされた場合、翌日太陽の光の下でもう一度その原稿を読み直してみること」

つまり、**夜はそれだけ人間がネガティブな方向に入ってしまい、おかしなことを考え出す時間だということ。早く寝ることは、この「悪魔の時間」を遠ざけることでもあるのです。**

時間がない人ほど行動を変えやすい

時間の使い方を変える、と言うと、どうしても出てくるのが「忙しくて変えようがない」「会社に行っている時間は動かせない」といった声です。

確かに、始業時間が9時と決まっているのに、「よし、9時まで寝ることにしよう」というわけにはいきません。

また、仕事を勝手に早く終わらせるわけにもいかないでしょうし、定時ではとても帰れない職場だって少なくないでしょう。

できることといえば、せいぜい起きる時間を早くすることぐらいではないでしょうか。

しかし、こんなふうにがんじがらめの生活をしている人は、むしろ有利です。

朝早く起きるぐらいしかできないからこそ、「どう時間の使い方を変えるか」で迷う必要がないからです。つまり、行動に移しやすい。

逆に、私のように時間を自由に使える人は大変です。どの時間を何に使うべきか、いくらでも考えようがあるからです。

最近では、「どの時間帯にジムに行くのがもっとも人生の質を高めるのか？」というのが悩みのタネで、とても迷っています。

朝7時から、8時から、10時から、あるいは夜……といろいろ試して、「朝は力が入らなくてウェートトレーニングには向かない」「夜のトレーニングは寝付きが悪くなる。会食などが入るのでコンスタントにやれない」「どうやら起きてからしばらくたった10時くらいからがベストかな？」などと試行錯誤しているわけです。

「仕事の量は、完成のために与えられた時間をすべて満たすまで膨張する」

これは、よく知られたパーキンソンの法則の第1法則です。

実際、自由が多いと、選択に迷う時間が長くなります。逆に、忙しいと選択に迷う時間が少なくなりますから、むしろ行動しやすいのです。

だから自分を変える、行動を変えるにあたって選択肢がないということは、むしろ幸せなことです。迷ってあれこれと考えるほど人間は疲労する、というのは心理学の常識です。

忙しい、時間が自由にならない、という環境をマイナスに捉えてはいけません。

「がんじがらめだからこそ選択肢がなく、行動を変えられる」と考えて活用しましょう。

ここでも、「使用の心理学」の考え方が有効です。

誰でも早起きできるようになる「10パーセント」メソッド

「早起きをして生活を変えよう」、「朝の時間を活用してより満足度が高く、クリエイティブな人になろう」といった「早起きの勧め」は、これまでにもいろいろなところで目にしたことがあるでしょう。

「でも、結局、起きられないんだよね」

「早起きは続けるのが難しくて」

という人も多いと思います。

そこで、**誰でも早起きできるようになる無理のない方法も紹介しておきましょう。**

それは、10パーセントずつ変えていく、という方法です。

7時に起きていた人が、5時に起きる生活に変えたいとします。このときに、いきなり5時に起きるのではなく、まずは10パーセントだけ変えてみます。

どういうことかというと、起床を2時間（120分）、前倒しするわけですから、その10パーセントにあたる12分だけ早起きする。つまり、最初は6時48分に起きるのです。

2、3日これを続けて、慣れてきたら、また10パーセント、12分起床を早めます。6時36分です。これを2、3日続けたら、また12分早める……というように繰り返していくと、1カ月もすれば5時に起きられるようになっているでしょう。

朝の通勤でポジティブになる方法

朝の時間の使い方が変わると、いろいろなことができるようになります。

たとえば、電車に乗る時間をいつもよりも1時間早めることができる。

いつもよりずっと空いているので朝からストレスや疲労を溜め込むことがなくなる。

座って本を読むことができる。最近では、スマホで映画を見ることだってできます。

早めに会社に着いて、邪魔が入らない環境で仕事を進めてもいいですし、誰よりも早く出勤しているとなればそれだけで周囲の評価も上がるでしょう。

より仕事に集中できるのなら、近くのカフェに寄り道するのも手です。

また、1駅手前で降りて会社まで歩いてみる。会社のそばの公園に寄り道して散歩する、といった新しい習慣を作ってみるのもお勧めです。

朝、外を歩き回る時間が増えると、セロトニンの分泌が盛んになります。

セロトニンには、ストレスを発散させたり、心を楽にしたり、未来に希望が持てるようにしたりといった作用があります。ドーパミンと並んで、人間の性格に強烈な影響を与えているホルモンです。

このセロトニンの分泌量を上げるために有効とされる行動が3つあります。

1つは午前中に日光に当たること。セロトニンは日が出ているときしか作れません。

2つ目は軽い運動。だいたい、1日に30分ぐらい運動すると、抗うつ剤を1回打つぐらい心を安定させる効果があると主張する学者もいるほどです。

そして、3つ目が適切な食事です（これについては「食事」の項で詳しく説明します）。

朝、歩く時間を増やし、性格を変える

通勤時に、1駅手前の駅で降りて歩いてみる。
朝の30分程度の軽い運動でセロトニンの分泌量が上がり、心が安定する

朝、隣の駅から歩く、あるいは公園を散歩するだけで、1つ目と2つ目を同時に満たすことができます。自分の性格を変えていくためにはかなりの効果がある行動と言っていいでしょう。

「動かせない時間」は使い方を変えてみる

朝、起きる時刻のように動かせる時間ではなく、動かせない時間はどうすればいいでしょうか。

たとえば、昼休みが12時から13時と決まっていて、昼食の時間は動かせないという場合です。

こうしたフィックスした時間は、使い方を変えることです。

1つのやり方として、私がよくお勧めしているのは、「いつも同じ人とご飯を食べるな」ということです。

いつも同じ人、たとえば同じ部署の同僚と食事をしているとどうなるでしょう。じきに話題がなくなります。すると、どうしてもゴシップとか、グチを垂れ流し合うということ

になってしまうわけです。

それならば、1人で食べるほうがずっといい。1人でパッとご飯を済ませて、余った時間で自分のためになる何かプラスのことができます。食後に毎日30分読書ができたら、相当本が読めます。

もちろん、毎日違う人に声を掛けて昼食をとるのもいいでしょう。いつもとは違う話ができて、新たな刺激を受けることができます。

毎朝自分で弁当を作る、あるいは週末におかずを作り置きしておいて弁当を持っていく、というのもいいでしょう。そうすると、節約になってお金も貯《た》まる上に、圧倒的にヘルシーな食事ができて健康にもなれます。

目的はあくまでも自分を変えることですから、必ずしも健康になるようなものばかりを食べる必要はありません。

いつも麺類ばかり食べている人が定食に変えてみるだけでも、行動は変わっています。当然、フィードバックが変わって内面も変化してきます。

既婚者だったら、奥さんにお弁当を作ってもらってもいいでしょう。「弁当なんか頼ん

だら文句を言われる」という人はなおさら結構です。どうやって快くお弁当を作ってもらうか、を工夫することで、また新しい行動ができるからです。おそらく、会社にある付箋に毎日お弁当の感想を書いて貼っておく。あるいは、弁当箱は自分で洗う、といった小さなことで十分うまくいくはずです。

これで夫婦関係までも変わってくるわけです。

お金が貯まる人の「オフ時間」の過ごし方

仕事が終わったあとのオフの時間も、使い方を意識的に変えてみるのがいいと思います。たとえば、仲間内でだいたい飲みに行く曜日が決まっている人。あるいは月のうち決まった日に職場の人と飲みに行く人。こういう人は多いはずです。

こうした習慣を変えてみましょう。

おそらく、よくあるのは給料日のあとにみんなで飲みに行く、という習慣でしょう。

実は、給料日直後に飲みに行く人たちは、お金が貯《た》まらない傾向があることがわかっています。

理由は簡単で、こういう人は「周りの人が飲みに行くから自分も行く」「周りの人がお金を使うから自分も使う」という考え方だからです。自分なりにお金を貯めるプランを立てる、計画を実行するということが苦手で、うまくいかないことが多くなるわけです。

ということは、**お金を貯められるようになるための行動は簡単です。給料日のあと、1週間は飲みに行かない、と決めればいいのです。**

これは、みんながお金を使い切って、お金がなくなった頃から飲みに行こうということです。

これには2つのメリットがあります。

1つ目は、給料日後で気が大きくなっている人に引っ張られて無駄に金を使うことがなくなること。

2つ目は、混んでいる場所に行かなくてすむこと。給料日後の金曜日や土曜日は、どこへ行っても混んでいます（ですから、私は週末には出かけないことにしています）。

いつもの習慣を変えることは、行動を大きく変えるために有効です。

そして、さらに行動を変えるためには、毎日やっていることの前後にも注目するといいでしょう。

歯磨きをきっかけに新しい行動をする方法

たとえば、毎朝食事を食べるわけですが、その前後を見てみると、そこにも毎日必ずやっていることが見つかりませんか?

たとえば、食卓についたら、テレビをつけるという人。チャンネルまで決まっている、という人もきっといるでしょう。

これを、テレビを見るのではなく、ラジオを聴く、あるいは英会話の教材を流すようにすれば、時間の使い方がまったく変わるわけです。

他にも、朝や寝る前に歯を磨く、風呂に入る、電車に乗る、洗濯機を回す……などなど、毎日必ずやることはたくさんあります。その前後の行動を、どんどん別のものに入れ替えていきましょう。

たとえば、朝、最寄り駅に着いたら新聞を買っていたのをやめて、駅に着いたらイヤホンを耳に入れてオーディオブックの再生を始めるようにする。

風呂あがりにこれまでビールを飲んでいた人なら、プロテインを飲むよう変えてみる。

夜、歯磨きをする前に、洗面所の鏡の前でスクワットをすることに決める。

こんなふうに、**毎日必ずやることの前後に新しい行動を入れると、習慣化しやすくなります。**


すでに毎日やっていることが、新しい行動の「トリガー（引き金）」になるからです。


「毎日、腹筋運動を50回やる」と決めても、大抵の人は三日坊主で終わってしまいます。

そもそも、その決意を覚えておくだけでも難しい。これは、行動のトリガーがないから。

そこで、「毎日、風呂に入る前に腹筋運動を50回やる」と決める。風呂には毎日入りますから、腹筋のことを必ず思い出しますし、実行しやすくなるわけです。

英単語の覚え方

✕悪い例　「英単語を1日に10個覚えよう」

○良い例　「朝食の前に、英単語を10個覚えよう」

寝る前の3時間で、あなたの人生が決まる

毎日必ずすること、といえば睡眠もそうですね。寝る前の行動も見直してみましょう。寝る前に必ずやっている行動は誰にでも絶対にあるはずです。それを変えていくのです。

私の場合で言うと、寝る前につい本を読み始めてしまう習慣がありました。それですぐ寝るタイプならいいのですが、つい本が面白くなってそのまま夜更かしをしてしまうということが結構ありました。


そこで、どんな行動に変えたかというと、読書をすることには変わりはないものの、お風呂で読むようにしたのです。紙の本は風呂場に持ち込むのには不向きですから、キンドルで電子書籍を読むのです。

お風呂で読書をするメリットは、じきにのぼせてしまうのであまり長く読めないこと。

しかも、本を読んでいるうちに体が温まります。

以前は早くお風呂を出て読書をしたかったので、「カラスの行水」のような入浴でしたが、

お風呂で電子書籍を読むようになって必ず湯船に浸かるようになりましたし、毎日しっかりと体を温めるようになりました。

よく言われるように、体を温めれば温めるほど人は健康になります。しかも、お風呂で温まって出ると、今度は体温が落ちていく過程で眠くなるように人間はできていますから、自然と眠くなって早く寝られてしまうわけです。いいことだらけです。

このように、**就寝前の習慣を見直し、行動を変えることを試してみてください。生活に大きな変化が表れるはずです。特に、寝る前の行動は大きな変化をもたらします。**

特に、不眠の人、睡眠の質がよくないと感じている人は、前に述べたように寝る前にPCやスマホを見るのをやめたり、食事と入浴の時間を早めたりしましょう。これだけでほぼ問題は解決するはずです。

さて、ここまで「時間」を変える行動をいくつか紹介してきました。

私の紹介した行動がよさそうだと感じたらそのまま真似《まね》していただければいいですし、自分なりに今までの行動を変えても結構です。ポイントは、「当たり前のようにやっていることを変える」、これだけです。

注意していただきたいのは「どのように行動を変えるか」に根拠はいらないことです。

ここまでに紹介した方法には、「こう行動を変えれば、健康に、経済的に、人間関係に、……こんないい効果がある」という根拠がありました。それはたまたま私にいろいろな知識があるからです。

しかし、目標はあくまでも自分を変えること。健康やお金やよりよい人間関係が目標ではなく、行動を変えること自体が目標です。ここでは、時間の使い方、1日を、1週間を、1カ月をどう使うかという行動を変えることが目的なのです。

ですから、「このように行動を変えれば、こんなメリットがある」という根拠は必要ないのです。

CHECK POINT

時間の扱い方を変えれば新たな自分が見えてくる。

スイッチ
2

言葉

ネガティブな言葉は自分自身に返ってくる

次に変えるのが、言葉です。

言葉は人格を作る、とはよく言われることです。行動が性格を作っているから、行動を変えることによって性格を変えることができる、というのが原則なわけですが、言葉の選び方、使い方というのは行動の中でも最も強力な部分だと言っていいでしょう。

なぜ言葉が重要なのでしょうか。一般に、言葉は他人とコミュニケーションするための道具と捉えられています。しかし、実際には、**言葉は自分にも向けられています。**

どういうことかというと、頭の中にあるときにはモヤモヤしている考え方を、言葉にまとめて言うことによって、その言葉は自分の耳にフィードバックして入ってきます。このとき初めて、脳は「自分はこういうふうに考えているんだな」と認知するのです。

このフィードバックこそが自分の内面を作っていく。このことは、すでにSTEP1の部分で言ったとおりです。

さて、言葉に限らず、人間は同じことをずっとやっていると慣れていって、いつもの行動に適した脳のネットワークが作られていきます。

そのため、いつもネガティブなことばかりを言う人というのは、ネガティブなことを言うのがどんどんうまくなっていきます。

物事のネガティブな面に注目するのが上手になってくるということです。ゆえに、ネガティブなところしか見えなくなってしまう。

これが、言葉が自分に向けられていることの怖さです。

ちなみに、前項で夜は「悪魔の時間」だ、という話をしましたが、言葉の使い方においても、特に注意しなければいけないのは夜なのです。それも寝る前です。

寝る前の出来事は、記憶として頭に残りやすいことがわかっています。

ということは、ただでさえネガティブになりがちな夜の時間、いつものクセでネガティブな言葉を選んで口に出してしまうとどうなるでしょうか。

たとえば、「明日の会議、めんどうくさいなあ」とか「今日は最悪だった」とか、「あいつ、本当に腹立つ。殺したい」とか。

ネガティブな言葉を使えば使うほど、脳はネガティブな物事に反応しやすくなります。ますます物事に対する見方、考え方がネガティブになってしまう。要するに脳のネットワークがネガティブな方向にシフトしてしまうわけです。

だからこそ、自分を変える上で、言葉を変えることは決定的に重要です。

たとえば、ポジティブな人間になりたいと思うのなら、常にすべてをポジティブに表現する必要があります。

実際にポジティブなことを考えているかどうかはどうでもいいのです。心にもない言葉でもいいから、ポジティブに言葉を使うようにする。

そうすると、自然に脳の神経がつながっていって、物事のポジティブな面に目を向けることに慣れていきます。

その結果、性格がポジティブになり、ポジティブな人に変わっていくというわけです。

言葉を変えるというのは、自分を変えるために非常に強力な方法なのです。

「美しい唇であるためには、美しい言葉を使いなさい」

オードリー・ヘップバーンが残したこの言葉は、まさにこの「自分が使う言葉が自分に返ってきて、自分を作り上げている」という真理を言い当てているのです。

自分の口グセを自覚してみよう

言葉を変えるためには、現在の自分がどんな言葉を使っているのかを知らなくてはいけません。

時間の場合と同じように、いつも当たり前に使っている言葉を変える必要があり、そのために自分の口グセを知る必要があるのです。

とはいえ、口グセを自覚しているという人は少ないと思います。

自分の口グセを知るための一番いい方法は、人に聞くことです。家族や会社の同僚など、一緒に過ごす時間の長い相手に聞いてみましょう。

また、記録してみるのもいいでしょう。

私の場合は、一時期、インタビュー取材を受けるたびに自分でもレコーダーを回して録音し、あとから聞き返すということをやっていました。やってみて、自分は「確かに」という言葉をよく使うことがわかりました。

もちろん、普通はインタビュー取材を受けることはなかなかないでしょう。そこで、たとえば会議を録音してみるようにするのです。

会社のミーティングで、録音と議事録作成を買って出るというのもいい手でしょう。仕事をしながら、自分の口グセのチェックができてしまうわけです。

自分の声を記録して聞き返す、という方法には、口グセを自覚するのに加えてもう1つの効果も期待できます。

誰でもそうですが、録音した自分の声を聞く、あるいは自分の映っている映像を見るといったことは、最初のうちは恥ずかしくて仕方がないものです。

それは、自己を認識してしまうからです。自分がどのような状態であるかがわかってしまう。そして、鏡を見て髪形が崩れていれば直さずにはいられないように、音声や映像で自己認識すると「直そう」という感覚が否応なく生まれます。つまり、変わらなくてはいけなくなる。だから、変わることを避けるために、人は自分の声や姿を客観的に認識することを避けているという考え方もできるのです。

よく使う言葉、つまり口グセを変えると、自分が変わります。だから、録音することや、人に聞くことは、とても効果的なのです。自分の口グセを知るとともに、「変わろう」という感覚まで自然に働き始めるわけですから。

ポジティブに言い換えれば、疲労感は達成感になる

言葉を変えるにあたっても、大事なのは「こういう言葉を使うといい」といった根拠のある正解を見つけることではありません。

大事なのは、今までとは違った行動をすること。だから、今まで多用してきた口グセをとりあえず変えてみるのです。

口グセを変える方法としては、たとえば次のようなごく簡単な方法があります。

「疲れた」が口グセの人がいるとしましょう。何かというと「疲れた」と口に出してしまう人はよく見かけますね。

この口グセを変えるために、「疲れた」を言い換えることを考えます。

ここでは、

「ポジティブに変えてみる」

「強気に変えてみる」

「知的に変えてみる」という3つのパターンを考えてみましょう。

「疲れた」をポジティブに変えてみる ↓ 「やりきったな」

「疲れた」を強気に変えてみる ↓ 「やれやれだぜ」

「疲れた」を知的に変えてみる ↓ 「乳酸がたまっているようだ」

お気づきになったかもしれませんが、「やれやれだぜ」というのはマンガ『ジョジョの奇妙な冒険』の登場人物、空条《くうじょう》 承《じょう》太《た》郎《ろう》の口グセからの拝借です。

それはともかく、こうして言い換えてみると、なんだか遊びのようです。ですが、遊び感覚でまったくかまいません。繰り返しますが、大事なのは口グセを変えることであって、どのような言葉を使うかではないのです。

他にも「男くさく変えてみる」「フェミニンに変えてみる」「名言風に変えてみる」など、変化をつける切り口はいくらでも考えられます。

もっと手軽なところでは、「僕」を「私」にして、とりあえず第一人称だけでも変えてみる、というのも1つの手です。

あるいは、いつもなら他人をけなす場面で、とりあえず人を褒《ほ》めてみるというのはどうでしょう。

たとえば、前から嫌いだった同僚の悪口を言いそうになったら、その同僚を褒める言葉を考えて口に出してみるのです。

「あいつ、今日も遅刻して、本当にいい加減だよな」と言いそうになったら、「あいつ、自由だなー」と言い変えてみる。

「またあいつのミスで余計な仕事が増えた」と言いそうになったら、「確かにミスは多いけど、面白い発想もするやつだよな」と良い面を探してみる。

要は、褒め言葉を積極的に探すということです。

人を褒めることを意識すると、物事のポジティブな面を見るクセがつきます。その結果、考え方がポジティブになります。また、それまでは嫌いだった相手も魅力的に見えてきて人間関係のストレスが減るというメリットもあるのでお勧めです。

スマホの予測変換で、あなたの性格がわかる

言葉の習慣は、なにも声に出す口グセだけではありません。

人は、日々さまざまな場面で言葉を使い、それがフィードバックされて自分の内面に影響を与えています。

たとえば、

メールを書く
報告書や提案書といった文書を作る
LINEでやりとりする
日記を書く

これらはすべて言葉を使う行動です。こうした書き言葉についても、自分がよく使う言

葉をリストアップしましょう。データが残っているわけですから、口グセをリストアップするよりはるかに簡単なはずです。

その上で、同じようによく使う言葉を言い（書き）換えていきます。

手をつけやすい部分としては、たとえばメールの定型文です。

これまで習慣的に「いつもお世話になっております」で書き始めていたのなら、「おはようございます」「こんにちは」といった時間に合わせた挨拶から入るようにしてみる。

つい「すみません」と書いてしまいがちな人は、かわりに「ありがとうございます」と書くように心がけてみる。

ＬＩＮＥであれば、これまでよく使っていたスタンプを別のものに変えるだけでもＯＫです。これも、言葉を変えることに含みます。

また、**スマホの予測変換機能でどんな言葉が出てくるかに注意すると、簡単に自分がよく使う言葉を知ることができます。**

ついでに、この予測変換機能を使って、言葉を変えていってしまいましょう。文章を打つ際、予測変換で出てくる候補を使ってはいけないというルールにしてしまうのです。人によっては難しく感じられるかもしれませんが、効果は絶大です。

スマホの予測変換機能の使い方

✕ 悪い例　文章作成の手間を省くツールとして使う

○ 良い例　自分の言葉遣いを変えるツールとして使う

使う言葉が変われば自分も変わる

いつも使っている言葉を変えるというのは、決して難しいことではないとおわかりいただけたと思います。

だからこそ、

「言葉を変えたくらいで何になるんだ?」

と感じる人もいるかもしれません。

言葉を変えるということは、考え方を変えるということです。人間は言語抜きで思考することはできません。言葉はそれだけ大きな力を持っています。だから、言葉を変えることで自分を劇的に変えることができるのです。

これは、私自身が経験したことでもあります。

ご存じのように、数年前までの私はテレビでパフォーマンスをするなど、タレントのような仕事を中心にやっていました。

とはいえ、パフォーマーやタレントとしてずっとやっていくつもりはありませんでした。私がやりたかったのは、コンサルティングなど企業を相手にしたビジネスです。

そこで当時から、まったく実績はないにもかかわらず、「コンサルティングをやりたい」「企業戦略のお手伝いもできます」と言い続けていました。

そして、それとともにやっていたことが、「実際に企業相手の仕事をするようになった自分ならどんな言葉を使うか」を考え、言葉を変えることです。

数年後の自分はどうなっているか。上場企業をはじめとする大きな企業と渡り合って仕事をしている。では、その自分はどういう言葉を使うだろう、と考えたのです。

つまり、変わった後の自分になりきって言語を選択するということです（この時は、同時に服装なども変えました。それについては「外見」の項で詳しく説明します）。

こうして言葉を変えた結果、どうなったかというと、興味を持った企業の人たちが連絡してくるようになり、コンサルティングなど企業を相手とした仕事で実績を作ることができました。「テレビを引退する」と宣言してからは完全にビジネスの領域での仕事がメインになりました。

つまり、変わった後の自分にふさわしい言葉を使っていたら、本当に変わったのです。


イギリスの心理学者であるリチャード・ワイズマンは、「アメリカ心理学の父」と呼ばれるウィリアム・ジェームズの「何かの美徳を身に付けたいならば、それが備わっているかのように行動すればよい」という思想を理論化し、展開し、実証しました。それが「アズ・イフの法則」です。

文字どおり、あたかも変わったかのように振る舞うことで、本当に変わってしまう。これが人間の心理のメカニズムなのです。

あなたを変える「なりきりアプローチ」

そこでお薦めしたいのが、「なりきりアプローチ」です。言葉を変えるアプローチの1つとして、「なりきってみる」わけです。

要するに、ロールプレイですね。

たとえば私の場合のように、「変わった後の自分」になりきって言葉を選んでみる。これもロールプレイです。

もっと仕事ができるようになろうと思っている人なら、「仕事ができる自分だったらどんな言い方をするだろうか」と考えてみればいいわけです。口グセの言い換えを考えるときにそういう発想をして「仕事ができる自分」の新しい口グセをあらかじめ準備してもいいですし、その場その場で対応していってもかまいません。

ロールプレイをして、別の人になりきっていると、いつか本当にそうなります。

もちろん、現在の自分は実際にはそういう人ではないわけですから、これは一種の「ウソ」でしょう。

しかし、自分についてのウソというのは本当になるのです。なぜかはもうおわかりでしょう。

繰り返しになりますが、新しい行動は新しい自分を作るからです。

実は、これは怖い話でもあります。

自分についたウソは、本当になってしまう。

ということは、実際には決して無能ではないのに、「仕事ができない自分」「めんどうくさがりな自分」「モチベーションの低い自分」「すぐ疲れてしまう自分」……といった自分をロールプレイしていると、本当に「できない人」になってしまうということでもあるのです。

だから、他人につくウソよりも、自分につくウソのほうがはるかに怖い、ということです。

他人についたウソは、よほど酷《ひど》いものでないかぎり、謝れば許してもらえます。ところが、自分につくウソはいつの間にか真実になってしまう。

これは、自分を変えるためには言葉が強力な道具になるということであると同時に、ときとして言葉は取り返しのつかない結果を生む、ということでもあります。

手早く自分を変えるならアニメ・ドラマ・映画を見よう

自分とは別の人になりきって言葉を変えるとき、なりきるモデルを見つけるにはいくつかの方法があります。「変わった後の自分」になりきるというのはその1つです。

ただ、変わりたい自分、変わった後の自分がうまくイメージできない人もいるでしょう。ここで「自分はどう変わりたいのだろう?」と考え込んでしまうのはやめてください。

考え込まなくても、てっとり早くモデルを見つけるための方法があります。それは、アニメ・ドラマ・映画を見ることです。

自分が好きな作品を見て、自分のなりたいキャラクターを探すのです。「こういう性格になりたい」と思えるキャラクターが見つかったら、あたかも自分がその主人公であるかのように言葉を選ぶわけです。

「そんなことをしたら頭がおかしいと思われるのでは?」と心配になるかもしれませんが、大丈夫です。

ただでさえ、他人は意外と自分のことを見ていないものです。たまたまあなたが選んだ作品を知っていて、その主人公の話し方を知っている人がどれくらいいるでしょうか。仮に気づく人がいたら、共通の話題が見つかってよかった、ぐらいに考えましょう。

ポイントは、アニメやドラマ、映画のように、登場人物のキャラクターが立っているストーリーを素材に選ぶということ。こうした作品では、キャラクターを立てるために、作者は登場人物の性格が投影されている行動や言葉の選び方を繰り返し描いているはずです。これが、あなたの言葉を変えるためのモデルになるのです。

ですから、本が好きな人なら小説を素材にしてもいいのですが、登場人物のキャラクターが立っている、エンターテインメント性の強い作品を選ぶようにしてください。

素材探しをするわけですから、気に入った台詞《せりふ》があればメモをとりましょう。

YOUメッセージをIメッセージに変える

最後に、言葉を変えることで自分を変える、非常に強力な方法を紹介します。

この方法は、相手から見たあなたの印象を180度変えるものです。相手の見方が大きく変われば、相手から返ってくるフィードバックもまったく違うものになります。そうなると、当然あなたの内面も、180度の変化を遂げることになる。そのくらいの劇的な効果があるメソッドが、**「YOUメッセージからIメッセージへの転換」**です。

大抵の場合、人は他者に何かを伝える場合、「あなた＝YOU」を中心にしたメッセージを送ってしまいがちです。

（部下に対して）「なんで君はこんなこともできないんだ」
（奥さんに対して）「明日からお弁当を作ってくれない？」

ここでは、仕事のできない「あなた＝部下」、明日からお弁当を作る「あなた＝奥さん」を中心にメッセージが組み立てられているのがわかると思います。

YOUメッセージのいけないところは、指示的、命令的になりやすいところです。

これを、Iメッセージ、つまり、自分を中心にしたメッセージに変えてみましょう。

（部下に対して）「このくらいの仕事ができるようになってくれると、私はとても助かる」
（奥さんに対して）「明日からお弁当を作ってくれたらうれしいんだけど」

YOUメッセージを Iメッセージに変える

× YOUメッセージ

（部下に）
なんで君はこんなこともできない！
（奥さんに）
明日からお弁当作って！

指示・命令になってしまう

↓

○ Iメッセージ

（部下に）
君が仕事ができるようになれば僕はとても助かる
（奥さんに）
明日からお弁当を作ってくれたらうれしいな

指示・命令にはならない

Ｉメッセージでは、とても助かる「私」、うれしい「私」がメッセージの中心です。伝えているのはあくまでも自分の感情だけ。相手に指示も命令もしていません。

ここには「私」の要望・希望が語られていますが、「こうしろ」という指示・命令の要素はないので、拒絶するかどうかは相手の問題です。

自分が、あくまでも「私」を主語にして相手にメッセージを伝えるのは自由。相手がどう感じるかは相手の自由。この自由を尊重して、相手の自由に踏み込まないのがＩメッセージです。

Ｉメッセージで、相手との関係は大きく変わり、相手のあなたに対する接し方も変わっていきます。そしてそれがあなたの内面をも変えていくのです。

CHECK POINT

言葉があなたの心を作る。
だから、使う言葉は慎重に選ぶ。

スイッチ3

友人

あなたは無意識に友人の望む人間になっている

「あなたは無意識に、あなたの友人の望む姿に変わっていく。あなたの脳が自分の人間関係に無意識に適応しようとするからだ。だから、付き合う友人はちゃんと選ぼう。でないとあなたの心はいつのまにか濁ってしまう」

これは、私がツイッターでつぶやいて、2000人以上が「お気に入り」にしたツイートです。反響が大きかったのは、それだけこのツイートの内容に思い当たるところがあると感じた人が多かったのでしょう。

共感した人も、反発した人もいるでしょう。しかし、このツイートに反応した人は、少

付き合う友人は選ぼう

うちの会社の
上司は
バカばかり…
友人
人間
あきらめが
肝心さ
友人
起業なんか
したってどうせ
ダメに
決まってる
友人

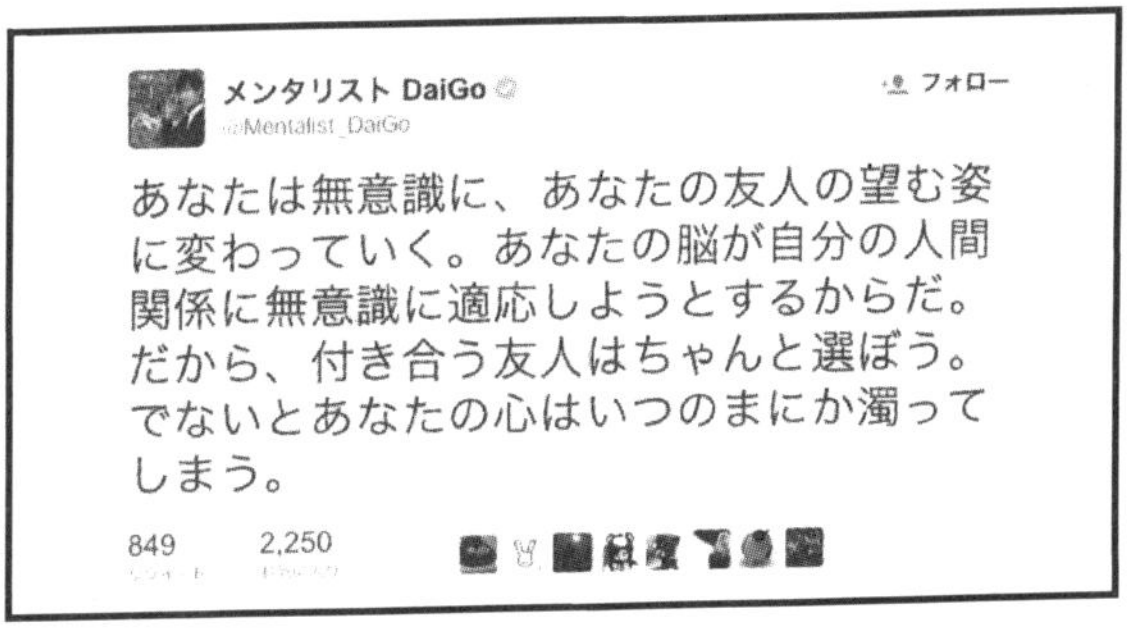
メンタリスト DaiGo
@Mentalist_DaiGo
フォロー

あなたは無意識に、あなたの友人の望む姿に変わっていく。あなたの脳が自分の人間関係に無意識に適応しようとするからだ。だから、付き合う友人はちゃんと選ぼう。でないとあなたの心はいつのまにか濁ってしまう。

849　2,250

なくとも心のどこかでは気づいているのです。人間関係が自分を作る、ということに。

人間は、どうしても相手の望みどおりの人間になろうとしてしまいます。

自分にとって心地よく有利な人間関係を作るために、相手にとって都合のいい人間、友人の望みどおりの人間になっていこうとするのです。つまり、今のあなたは、多かれ少なかれ、周りが望む人間になっているということです。


それだけではありません。

人は、誰と仲良くするかによって、顔までも変わってきます。

つまり、あなたの顔は、付き合っている人たちの顔にだんだん似てくるのです。人間は、無意識のうちにいつも見ている顔を真似て、同じ表情筋を使おうとするからです。

だから、**いい友達に恵まれている人は魅力的な表情をしており、ますますいい人が周りに集まってきます。**

逆に、ろくでもない仲間と付き合っている人が次第にしょぼくれた、魅力のない人になってしまっていく理由もここにあるわけです。

周囲にいる友達や同僚といった人間関係から受ける影響が、恐ろしいほど強いことがおわかりいただけるでしょう。

ならば、**自分を変えるには、友人を変えてしまえばいいわけです。**

というわけで、自分を変えるための3つ目のポイントは「友人」です。

バカな人と付き合うとバカになる科学的根拠

著名な投資家、ウォーレン・バフェットにこんな逸話があります。

州兵の兵役義務で、数週間を軍隊で過ごしたときのこと。経営者であり、下院議員も務めた父のもとで育ったバフェットは、軍隊のようにあらゆる階層の人々が集まる場所では、下手をするといじめられる可能性がありました。

しかし、そこはさすがというべきか、バフェットは荒っぽい連中ともうまく付き合う方法をすぐに見つけます。

当時から読書家だった彼は、子ども時代から培った豊富な語彙《ごい》を隠し、貧困な語彙で会話しました。そして、いつも読んでいる哲学書や実用書をやめて、もっぱらマンガを読むようにしたのです。

すると、普段付き合っているのとは違うタイプの人たちとも一瞬で仲良くなれたのです。

興味深いのは、このときにバフェットが学んだことです。

それは、**まさに「付き合う相手は選んだほうがいい」ということです。**

軍隊で周りと仲良くやっていくために、バフェットは普段の読書をやめ、無教養な会話をしなければいけませんでした。つまり、はっきり言えば「バカと付き合うとバカになって、知的な人と付き合うと知的になっていく」ということをバフェットは学んだのです。

これは、バフェットの個人的な経験知にはとどまりません。

ハーバード大学医学部のニコラス・クリスタキス教授、カリフォルニア大学サンディエゴ校のジェームズ・フォーラー教授の共同研究は、マサチューセッツ州にあるフラミンガムという街の住民を長期にわたって調査し、恐ろしい事実を明らかにしています。

それは、肥満や飲酒、喫煙などの習慣が家族や友人の間で「感染」するということ。

たとえば、ある人の友人が肥満になった場合、その人が将来肥満になるリスクは171パーセントも増加することがわかっています（より詳しい話は、ケリー・マクゴニガル著『スタンフォードの自分を変える教室』（大和書房）を読んでみてください）。

自分の周りの友達の影響というのはかなり強力です。本当に自分を変えたいと思うのなら、友人を見直してみる、というのはとても大事なことだとわかるでしょう。

友人を選べば、本当の友情が見えてくる

こういうと、「友達を選ぶなんて……」「友達を切り捨てろということか？　それはいやだ」と感じる人も多いでしょう。しかし、よく考えてみてください。

自分を変えるために、友達を選んで変えていき、その結果、あなたが変わったとします。そのあなたにも魅力を感じてくれる友人は、付いてきてくれますし、一旦は離れたとしても必ず戻ってきます。

あなたが成長した、変わった、といった理由で離れていくような人は、本当にあなたを思っている友達ではありません。

たとえば、起業家が成功してお金を手に入れたり、あるいはテレビに出るようになって有名になった、という場合に、それによって「あいつは変わってしまった」と言って離れていったり、反対に急に近づいてくる人がいます。こういう人たちが信用ならないという

ことはすぐにわかるでしょう。ですから、友人を選ぶ、変えるといっても心配はいりません。本当に大事な友達は、それによって失われることはありません。

そもそも、友達を選ぶ、変えるといっても、いきなり絶縁メールを送る必要はないのです。実際にやることは、これまで頻繁《ひんぱん》に関わっていた友達に、積極的に連絡することをやめる。とりあえずはこれだけで十分です。

このくらいで壊れる関係なら、本当の友達ではなかった、と言っていいでしょう。だから、ちょっとやそっとのことで本物の友情は壊れることはありません。

むしろ、心配しなければいけないのは、長い間ずっと、同じ友達と付き合っているという人です。一見、友情を大切にし、友達に信頼されている人のようですが、実は、こういう人は成長していません。

私の経験から言ってもそうですが、成長すると付き合う友達は変わるものです。

視野が広がったり、考え方が深まったりすれば、話す内容が変わってきます。すると、自然に話が合う相手に交友関係がシフトしていくのは当然のことです。

ごく少数の学生時代からの親友を除けば、私が付き合う友人は毎年のように変わっています。これが、成長の証《あか》し、変化の証しなのです。

人は、自分の姿を確かめるために鏡を使います。髪を切って、どのように外見が変化したかは鏡を見れば一目瞭然《りょうぜん》です。

一方、**性格は鏡には映りません。新しい行動を繰り返し、性格を変化させる努力をしたとしても、その変化を鏡で見ることはできません。そこで、性格を映す鏡の代わりになるのが友人です。「友人がどう変わったか」で性格の変化がわかり、成長の度合いがわかるわけです。**

長期間にわたって、同じ友達とばかり付き合っているという人は、成長・変化が止まってしまっている可能性が高いです。気をつけましょう。

交友関係

×悪い例　今いる友達の期待に応えるように振る舞う

○良い例　友達に嫌われてもいいから、行動を変えていく

グチは聞くだけでも害になる

私の好きな言葉で、「自分の才能を守る唯一の方法は、孤独を貫くことだ」というのがあります。

人と付き合うということで、その人が望む自分になってしまうのなら、自分の持っている資質、才能をスポイルされないようにするために、本当は孤独を貫くしかないのです。

とはいえ、現実には人と付き合わずに生きていくことはできません。

だから、せめて付き合う相手を選ばなければいけない。

若き日のウォーレン・バフェットが気づいたように、頭が良くなりたいなら頭の良い人とつるまなくてはいけないし、仕事ができるようになりたいなら仕事ができる人とつるまなくてはいけない。起業したいなら起業している人とつるまなくてはいけないのです。

逆に、飲み屋さんに行って、上司のグチを言い合うような友達とつるんでいてはいけないということです。もちろん、そういう人になりたいというのなら別ですが。

グチばかり言っていていつまでも成長しない、自分を変えていけない人たちと同じようにはなりたくないと感じるなら、お勧めしないということです（また、グチを言い合うと、上司の悪いところが見えてきて仕事に悪影響を与えるという意味でもよくありません）。

飲み屋でグチを言うタイプの人と距離をおくということについて、私の場合はかなり極端な姿勢をとっています。そういう人と付き合わないのみならず、そういう人が来る店には行かないのです。

もともと私は高級な店、名店と呼ばれるようなところには全然興味がなかったのですが、やはり普通の飲み屋さんに行くと、みんなで上司や会社のグチを言っているような人たちが多い。その話が横から聞こえてくることだけでいやです。

そのため、飲むときには自然とちょっといい店に行くようになりました。

人間は、「みんなが考えていること」「みんながやっていること」に動かされてしまいます。友人の影響を受けるのはもちろんですが、周りから声が聞こえてくるというだけでもその影響は無視できないのです。

私が普段ニュースを見ない理由もそれです。多くの人が見ているテレビやインターネットのニュースを見れば見るほど、思考はどんどん「普通の人」になっていきます。

しかしニュースを見る時間を読書に使えば、普通の人とは違った思考ができるようになります。テレビやインターネットを見る人に比べれば、本を読む人は少ないからです。

「すごい人」を友人にする簡単な方法

友人を変えるためには、これまで付き合っていた人と付き合うのをやめる（積極的に連絡をとるのをやめる）一方で、新たに人と知り合わなくてはいけません。

今まで付き合ったことがない業界の人、自分とは全然違う世代の人、まったく趣味の違う人と交流してみる。あるいは社内でこれまでなんとなく避けていた人、自分と反対意見を持っているので敬遠していた人と対話を増やしてみる。こういったことから始めてもいいでしょう。

ここで忘れてはいけないことは人脈についてです。人脈とは、「その人が誰を知っているか」ではなく、「その人が誰に知られているか」が重要になるということです。

電話帳にたくさんアドレスが入っている。様々な業界・企業に属するビジネスパーソンの名刺を大量に持っている。こういったことで自分の「人脈」を自慢する人がいます。しかしそれは人脈ではありません。

アドレスや名刺を交換したところで、相手が自分のことを覚えている、あるいは知っているとは限らないからです。

そもそも、自分が相手を知っているかどうかも怪しいものです。

人間の記憶のシステムは、顔だけなら1000人程度は覚えられます。しかし、人の名前などの文字情報的なものは、個人差はあっても数百人程度を覚えるのが限界です。

フェイスブックで1000人以上「友達」がいる、という人は、おそらくその多くを認識していません。それは友達でもなければ、人脈とも呼べないものです。

有名人や大企業の名前を出して「自分は○○さんと知り合いです」といったことをことさらにアピールする人は、パーソナリティに問題がある可能性が高いといえます。

自分に自信がなく、自分が何も持ってないと思えば思うほど、社会的強者、つまり経済的に成功している人や有名人とのつながりを強めようとするのが人間です。

つまり、価値がある人、社会的に認められている人とのつながりを誇示すればするほど、自分には価値がないということを認めていくようなものなのです。

あなた自身がこういう人になってはいけないのはもちろんのこと、間違ってもこの手の「人脈自慢」をする人と仲良くなろうなどとは思わないことです。

ついうっかり、「そんなにすごい人脈を持っている人なら、自分にも紹介してもらえるかもしれない」「仲良くなればメリットがあるかも」などと考えてしまうかもしれませんが、大間違いです。

人脈を自慢する人ほど、あなたにいい人を紹介してくれることは少ない。これが鉄則です。なぜなら、本当に誰か人を紹介するとなると、実際は大した人脈を持っていないことがバレてしまうから、です。

人脈を自慢する人にはくれぐれも気をつけましょう。

そのことに気をつけた上で、では、どうやって「相手が自分を知っている」という本当の意味での人脈を作っていくか。ここでも、前項の「言葉」で使ったロールプレイが重要です。すなわち、親しくなりたいと思う人がいたら、さも親しい友達であるかのように、連絡をとるのです。

まだ全然親しくないとしても、頻繁《ひんぱん》にメールや電話で連絡する。忙しい人、自分とは釣り合わない「偉い人」だとしても、気軽に連絡をするようにする。親しい友達だったら当然、連絡は頻繁かつカジュアルになるはずだからです。

「忙しい人だから連絡するのは気が引けるな、やめておこう」「自分なんかが気軽にメールを送っていい相手ではない」といった理由を付けて遠慮するのは、相手に配慮しているように見えて、実はそうではありません。

本当は、自分を否定されるのが怖いのです。「君とは付き合う価値がないから」と断られるのが怖いだけなのです。ここでも、人は行動しない理由、変わらない理由を見つけてしまうわけです。

確かに、親しくなりたいと思っている人に拒絶されるのはいやなものでしょう。けれども、実際には、誠意を持って礼儀正しく連絡してくる人をあからさまに拒絶するとか、無視するということはなかなかできません。

普通の人であれば、何回も何回もアプローチを受けたら、たとえ面識のない人でも「1回ぐらいは会わなくては」と思います。ですから、何回か断られたとか、返事が来なかったくらいではくじけない気持ちも重要です。

さらに、たとえ結果的に会うことができなかった、会っても親しくはなれなかったとしても問題はありません。

自分と釣り合わないくらいすごい人にコンタクトを取ったという行動自体に価値があるからです。

「すごい人と連絡を取るだけでうれしい」と思えばいくらでも連絡は取れます。

一方、「連絡を取って仲良くならなくちゃいけない」と思った瞬間に、「でも、自分には釣り合わない」「忙しそうだし……」といった「行動しない理由」を見つけてしまう。行動をしなければ、自分を守ることができます。

「いつか、時期がきてちゃんと連絡を取ったら仲良くなれるかもしれない」という可能性の中で生きていけるわけです。

最悪、思い切って連絡を取ってみて、相手に嫌われたところで失うものは何もありません。そもそも、嫌うか嫌わないかは相手の自由で、それは自分と関係ないことです。

拒絶されたとしたら、その拒絶に耐え抜くことで自信が生まれます。自信は人間としての魅力につながりますから、この先、友達になりたいと思う人ができたときに心をつかめる可能性が高まるわけです。

生活リズムを変えれば新しい友人ができる

人間関係を変える前提として、時間的な制約を変える、生活の習慣を変えることの重要性もあらためて強調しておきましょう。

ライフサイクルが固定されていると、どうしても同じ人とばかり付き合うようになってしまいます。

仕事が真夜中に終わる人は、その時間から食事に出かけてもいいという人としか付き合えません。土日は仕事があるという人は、同じく平日休みの友達とでないと一緒に遊ぶことは難しいでしょう。

つまり、自分とタイムテーブルが一致する人としか付き合えなくなってしまうのです。

私の場合も、金曜、土曜、日曜といった世間で休む人が多いときに働く傾向があるので、週末にしか休みを取れない人とは疎遠になりがちです。

その一方で、平日にゴルフに行くと、時間が自由になる経営者の方などと知り合うこともあります。

また、上場企業の社長さんなどが夕食を食べに街に出てくる時間は18時、19時くらいからで、21時くらいには会食を終えて帰宅することが多いのです。これに対して、22時頃から繁華街にいるのはベンチャー企業や不動産関係の人たちです。もちろん、銀座か六本木か、といった場所の違いもあります。

このような相手のタイムテーブルを意識して、人間関係を変えてみましょう。自分のタイムテーブルを、出会いたい人のタイムテーブルに合わせてみれば、きっと新たな人間関係や、人脈を手に入れることができるでしょう。

その意味では、朝早くジムへ行く、というのもお勧めです。

会社の出勤時間前のジムには、仕事の前に運動をするという意志の強さを持った優秀な経営者や専門職の人が少なからずいます。

こういう人たちと出会うチャンスがあり、なおかつ朝早ければ人の数が少ないので、印象に残りやすいわけです。

もちろん、基本的には体を動かすことを目的に行ったほうがいいでしょうが、朝8時頃までのスポーツジムには、人脈を広げられるというメリットも期待できます。

とはいえ、ここでも、どういうタイムテーブルが正しいということはありません。まずは、今のタイムテーブルを別のものに変えるだけで、人間関係が変わるということが大事です。

たとえば、朝の出勤時間を1時間早める、昼休みの時間を1時間ずらすといったことだけでも、新たな出会いの可能性は生まれるのです。

「時間」の項で述べたノウハウと合わせて、この項で提案したことを試してみてください。

CHECK POINT

あなたは無意識に友人の望む姿に変わる。だから付き合う友人は選ぼう。

スイッチ4 モノ

どんなモノに触れるか、で性格も変わる

私は常々、ビジネスパーソンの方々に対して「ペンにはこだわりましょう」と言っています。

理由は簡単です。頭脳労働をする以上、何か書き物をする場面は相当にあります。そして、人間の指先の神経は電子顕微鏡レベルの精度をもっています。そう言われてもピンと来ないかもしれませんが、たとえば同じ木目《もくめ》でも、材木の種類によって感触が違うことは触ればすぐにわかるでしょう。これは、実は異常なほどの感度なのです。

このように、指先はとても感度が高い。ということは、指先からフィードバックされてくる情報が多いということ。だから、いつも指先に触れるペンは重要なのです。

「どんなものに触れるか」「どんな感触を受けるか」は人の性格に大きな影響を与えます。自分の周りにどんなモノを置くか、どんなモノを所有し、使うかがいかに大きな意味をもつかがわかると思います。

もちろん、モノが与える影響は触覚を通じた影響にとどまりません。そのことも含めて、この項では、モノをいかに変化させていくかについて述べたいと思います。

指先と顔に触れるモノにこだわろう

モノを変える場合も、考え方は今までのポイントと同じ。いつもよく使っているモノほど、変えたときに自分に起きる変化が大きいということです。

ですから、私のように文章を書く人間が、ペンを変えるというのは合理的なわけです。

私の生活は、ほとんど常にペンか本を持っている生活です。そうすると、やはりペンの質感、文章を書くときのこの感覚が自分の脳にかなり強力な影響を与えていると感じます。

だから、他の人が服を着飾ったり、いいバッグを持ったりするように、私はペンにこだわりました。

万年筆の場合、装飾でダイヤを埋め込んでいるといった場合は別として、3万円程度出せば本当に質の高いものを買うことができます。もちろん、値段がどうこうではなく、いいものを使うこと、自分が気に入ったものを使うことが大事です。ちなみに、いま私が愛用している万年筆は、著書が累計50万部を突破した時に自分へのご褒美として買ったもので、アメリカのAmazonで700ドルでした。

私にとってのペンのように、日頃よく使うモノから変えていきましょう。

プログラマーだったらキーボードかもしれませんし、営業マンだったら名刺入れを変えてみるというのも手でしょう。化粧やファッションに興味がある人なら、鏡を買い替えてみる。誰でも1日1回は寝ることを考えれば、寝具を変えてみるということも考えられます。あるいは、今では誰もがよく使っているスマホを、手触りや操作感を重視して変えてみると、脳への影響は大きいでしょう。

よく使うモノを変える。それでは、何を変えたらいいのでしょうか。

P139に掲げたのは、脳外科医のワイルダー・ペンフィールドが作成したホムンクルスと呼ばれる絵です。この奇妙な絵は、脳の神経領域のどのぐらいの部分が、体の各部に

ペンフィールドのホムンクルス

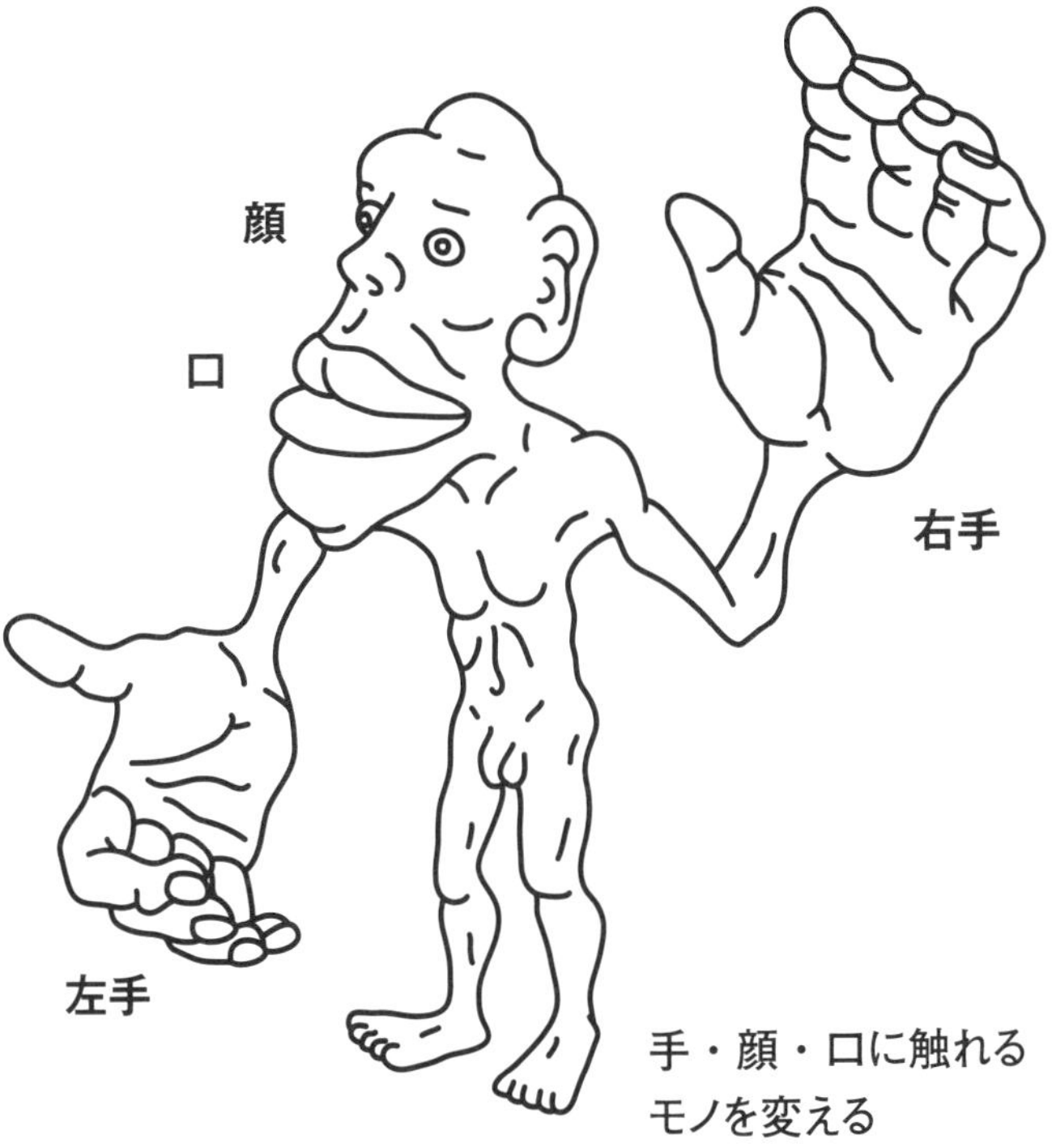

手・顔・口に触れる
モノを変える

体のなかで感覚が鋭い部分ほど大きく描かれる

対応しているかを絵にしています。簡単に言うと、体のなかで感覚が鋭い部分ほど大きく描かれた人体図だと思ってください。

これを見ると、手が実際の人間よりもずっと大きく描かれています。先ほど言ったように、手、特に指先は感覚が鋭い、つまり脳がたくさん神経領域を割いている部位だとわかるわけです。

同様に、顔、なかでも口などは敏感な部分であることがわかるでしょう。

この絵を参考にして、大きく描かれている部分に触れるモノを変えればいいのです。すぐに、顔に触れる眼鏡、口に入れる箸、手に持つバッグ……などが思い浮かぶでしょう。変えるべきモノが思いつかない人、あるいはいくつも思い浮かびすぎて優先順位が付けられない人は、ぜひ参考にしてみてください。

モノを減らせば人は変われる

今使っているモノを別のモノに変えるのと同じくらい大事なことは、量を減らすことです。つまり、持ち物の量、種類を変えるということです。

モノは思い切って減らすことをお勧めします。

人間はそれほど器用ではありません。

たくさんのライフスタイルを所有したり、多様な価値観を所有することはできない。だから、モノが増えれば増えるほど、迷うことが増えてしまいます。

ですから、私の場合、いつも使っている万年筆は1本だけです。もしも、同じくらい使い心地のいい万年筆が何本もあったらどうなるでしょう。

「これから読書をしながらメモをとろうと思うけど、どのペンを使おうかな?」

と、いちいち迷うことになります。

「今日はどの服を着て行こうか?」

「どの靴を履いていくのがふさわしいかな?」

といった迷いは、あなたも日々経験しているでしょう。

こんなふうに、選択肢が多くなればなるほど迷う時間が増えます。迷うと、人間は行動できなくなってしまいます。

ここで話は最初のテーマに戻りますが、行動できるようにするためには考え込むこと、迷うことは減らさなければいけません。

つまり、行動したいのならモノを減らす、ということが大事なのです。

ですから、私にとって理想の部屋というのは、壁一面に本棚があって、あとはテーブルがあるだけの部屋です。これなら「何をしようか」と迷う時間をかけず、読書という行動に直ちに集中できます。

スティーブ・ジョブズが、いつもイッセイ・ミヤケのタートルネックとデニムを身に着けていたのも同じ理由でしょう。ジョブズの家には、同じタートルネックが何十着もあったそうですが、全部同じものなので迷う必要がありません。ジョブズは、1日の始まりに「今日は何を着ようか」と迷う時間をかけずにすんだわけです。

モノを管理すること、そして大量の選択肢の中から選択することは、人間の労力と時間を膨大に浪費させます。

誰にでも、「いつか使うかも」と思ってなんとなく部屋においてあるモノがあると思います。置いておくだけなら、ちょっと邪魔なくらいで特に害はないと思うかもしれませんが、そんなことはありません。

「いつか使おう」と思っているということは、頭の片隅に「あれを使うかもしれない」という可能性をずっと置いておくということです。つまり、「使うのか、使わないのか」「いつ使うのか」といったことを常に考え、脳がその分のエネルギーを消費しているということ。

その分、本来考えるべきことに割くエネルギーが浪費されるわけですから、とてももったいないことです。

フロリダ州立大学・社会心理学部の教授であり、意志力研究の第一人者であるロイ・バウマイスターは、選択によって脳がエネルギー（ブドウ糖）を消費し、肝心のところで大事な選択ができなくなる現象を「決定疲れ」と呼んでいます。モノを増やすのは、わざわざ決定疲れを招いているようなものなのです。

人間の脳は、そもそも集中しにくくできています。気が散りやすくできています。

これは当たり前のことで、マンモスを狩ることに集中するあまり、後ろからトラが近づいているのに気づかないようでは、すぐに死んでしまいます。外部の刺激に敏感で、見知らぬものにすぐ反応する、要は気が散りやすい個体が生き残り、子孫を残してきたわけですから、人間の脳は集中しにくくできていて当然なのです。

したがって、モノがたくさんあり、常に様々なモノが目に入ってくる環境では、エネルギーが本来考えるべきこと以外に分散してしまうのも無理はありません。

このように、**モノが多いと選択のコスト、管理コストの両面で労力と時間を奪われるのです。**

このことは、心理学的には「選択のパラドックス」という概念で説明できます。『選択の科学』（文藝春秋）の中でコロンビア大学教授のシーナ・アイエンガーが言っていることですが、人間は選択肢が増えれば増えるほど選べなくなり、思い悩む時間が増える。さらに、選んだあと、選ばなかったほうの選択肢を後悔する時間まで増える。結果、人間は選択肢が増えれば増えるほど不幸になる、というわけです。

そうならないためには、「いつか使うかも」という程度のモノはとっとと捨てるなり、人にあげるなりしてしまって、選択肢を減らしたほうがいい。

行動するためには、とにかくモノを減らすべきなのです。

部屋の収納

✕悪い例　散らかった部屋を片づけるために、棚や収納小物を買い込む。

○良い例　今ある収納に入りきらないモノは捨てる。

モノのコレクションは種類を絞ろう

モノが多いことによる管理コスト、選択コストの増大は、行動を妨げます。

ということは、部屋の中にモノが多くて、しかもぐちゃぐちゃに散らかっている、という人は最悪の状態にある、と言っていいでしょう。

もちろん、例外はあって、部屋がどんなに散らかっていてもそれを無視して行動できる人もいるのです。

ときどき見かける、「散らかっているくらいのほうがクリエイティブになれる」という天才肌の人たちがそれです。

けれども、あくまでそれは例外です。心理学的にみると、整理整頓された部屋に比べて、散らかっている部屋では、人間は誘惑に負けやすくなることがわかっています。やるべきことをやれずに、余計なことに手を出してしまうわけです。

そればかりか、**散らかってる部屋の住人は不健康な食べ物を選びやすくなり、また自分の決断が揺らぎやすくなるとされています。**

とりあえず、部屋が散らかっている人はモノを減らす、捨てるということを考えるべきです。

こう言われると、一番抵抗を感じるのはマニアやオタク的気質のある人、つまりコレクションで部屋が埋め尽くされがちな人だと思います。

コレクションについては、必ずしも否定的に捉える必要はありません。ただし、「種類を減らす」ことが大事です。

私自身も、モノはできるだけ減らすようにしていますが、本だけは減らしていません。

買った本は基本的に捨てませんし、本が増えすぎて引っ越しをしなければいけなくなるほどです。その意味では、コレクター的な面もあるといえるでしょう。

ただし、それは「本」という1種類の物を増やしているだけです。他のモノ、たとえば衣類、家具などはむしろ減らすことで、モノの種類は減っているということが重要です。

モノが増えると、選択肢が増えることによって行動を迷うことがまずいわけです。ですから、コレクションの種類を減らせば、迷うこと、管理コストを下げられるので問題ありません。私にとっての本はまさにそうで、読んで本棚にしまっていくだけですから迷う余地がないわけです。

ちょうど、スティーブ・ジョブズのタートルネックは何十着もあるけれど、それが迷いを生むわけではないのと一緒です。

さらに、本を読めばそこからアイデアが生まれ、行動に結び付くという意味でも、行動を妨げるようなモノではありません。

あくまでも、大事なことは管理コスト、選択コストを下げて、やるべきことをやったり、自分が本当に望んでいることに対して自分の能力を使えるようになることです。

おさらいすると、

「いつも使っているモノを変える」

「モノを減らす」


の2つが重要です。これらは表裏一体です。

モノを減らすことによって、迷うことが減って行動しやすくなると同時に、「どんなモノが、自分にどういう影響を与えているか」を感じられるようになってきます。

散らかった部屋で何か変わった臭いがしたとして、どこからその臭いがするのかを見つけ出すのは困難です。そもそも、あちこちからいろいろな臭いがして、変わった臭いに気づかないことさえあるでしょう。しかし、すっきりと片づいた部屋なら、そこにあるモノを1つずつ嗅いでいけばわかります。

つまり、モノを変えるとともにモノを減らしておくことで、自分に起きた変化に気づきやすくなるし、なおかつ自分にプラスの影響を与えているモノと、ネガティブな影響を与えているモノがすぐ見えるようになるわけです。

そして、効果と原因が見えれば、変化のための行動はさらに加速するわけです。

最後に、**どうしてもモノを捨てるのが苦手な人のために、片づけが捗《はかど》るテクニックを紹介しておきましょう。**

それは、自分の未来を想像して、「そこに持って行きたいモノかどうか」でモノの価値を判断することです。

私は近い将来にオックスフォード大学に留学したいと考えています。だから、私の場合は、「将来、オックスフォードに留学するときに持って行きたいモノかどうか?」と考えながら片づけをしています。すると、どんどんモノを捨てられます。

ぜひ試してみてください。

CHECK POINT

モノを減らせば減らすほど人間は変わりやすくなる。

スイッチ5

環境

環境があなたの行動を決める

5番目のポイントは「環境」です。

環境が人に影響を与える、というのは当たり前の話で、あらためて言うまでもないことでしょう。

そもそも生物は環境に適応することでサバイバルするものです。生物の中で唯一、人間は環境を自分に合わせて変えもしますが、基本的には、環境に適応するほうが得意です。環境に適応する能力が高いがゆえに、環境から無意識に影響を与えられてしまうことも多くなります。

そのため、自分を変えようとして様々な行動を取ったとしても、環境が変わらないためにうまくいかない、ということも起こりがちです。自分を変えるということを、環境への適応という要請が許さないわけです。

そして、ここでも変化のための行動にストップをかける言い訳が生まれます。

たとえば、「時間の使い方を変えようと思っても、会社での立場からそれが難しい」というようなことです。

しかし、それならばこう考えればいいのではないでしょうか。

環境が行動できない理由になっているのなら、環境を変えてしまえばいいのです。すると、新しい環境に適応することで、自動的に新しい自分に変わるからです。

環境に適応するという生物としての強力な本能を、自分を変えるために利用してしまえばいいのです。

アメリカの都市経済学者、エンリコ・モレッティの著書『年収は「住むところ」で決まる』（プレジデント社）は、タイトルからして環境の大切さを物語っています。

モレッティは、教育レベルの高い人が多い「頭脳集積地」と呼ばれる都市では、決して高学歴でない人も高い収入を得ている、といったことを明らかにしています。

たとえば住む所を変えるといった環境の変化は、劇的に自分を変える手段になるというわけです。

一瞬でいつもの環境を変える方法とは？

環境を変える、というと、まず思いつくのは「引っ越し」や「転職」といった大きな環境の変化です。

しかし、引っ越したり今の仕事を辞めたりといったことは簡単にはできません。それは当然です。しかし、もっと簡単に変えられる環境もあります。

たとえば、サラリーマンが会社を変えることは確かに難しいでしょう。会社内で部署を移ることだって難しいものです。

けれども、デスクの上のモノの配置を変えることは簡単です。

また、引っ越しは多大なコストがかかって無理だとしても、家の中の家具の配置、間取りを変えるのは簡単です。

環境を変えるということを、難しく捉える必要はありません。

まずは、いつも自分の視界に入る景色を変えることは、すべて環境を変えることになる、と考えてください。

デスクの上にいつも積んである書類の山を、ブックエンドを買ってきて立ててみるだけでも環境は変わります。

いつも座っているソファの向きを変えるだけで、家の中で過ごす時間に見ている景色は変わります。これも環境の変化です。

もっと簡単に、パソコンのデスクトップ画像を変えるだけでもいいでしょう。これだけでも、普段見える「景色」は激変することになります。

また、目に入る景色を一気に変える方法として、照明を変えるという手もあります。

私が好きなhue《ヒュー》というランプは、iPhoneでコントロールでき、1万6000色もの光を出すことができます。夕日を撮影して、その色に光を調整するといったことまでできるスグレモノです。

照明が変わると、部屋の中の光景は一瞬で変わりますし、普通はなかなか使わないブルーの照明にしてみたりすると、見慣れているはずの部屋が「なんだこの部屋は?」と思わせる異空間になります。

色付きの照明は、環境を手軽に変えるツールとしてかなりお薦めです。

ちなみに、ｈｕｅは夜遅くなるにつれて次第に照明が暗くなっていくといった設定をすることもできますので、ライフサイクルを作るためにも非常に便利な道具です。

エアコンの温度設定1つでもあなたの能力は変わる

今、説明したのは、目に見えるもの、視覚にとっての環境を変えるという方法でした。すでにお気づきかもしれませんが、**同じような環境の変化を、五感すべてについて起こしていけばいいのです。**

環境を変えるということは、突き詰めて考えれば、五感に入ってくる情報を変えるということに他なりません。

聴覚について言えば、いつも聴いている音楽を替えてみましょう。音、あるいは音楽は強く感情に結び付いている情報です。自分なりの「元気になりたいときに聴く曲」を持っている人が多いのはそのことを物語っています。

ですから、聴く音楽を替えることは、自分の感情を変えていく上で非常に有効です。しかも、iPodのプレイリストを変えればいいだけですから、手間もありません。

私の場合は、それほど音楽を聴くほうではありませんが、作業をするときにはオーディオブックを流すようにしています。作業をしながらなので集中して聴いているわけではないのですが、普段と違う情報がなんとなく耳に入ってくるだけでも意味があります。

嗅覚も、環境を変えるのは簡単です。部屋にアロマを炷《た》いてもいいですし、普段つける香水、化粧品や石けんの香りを変えてもいいでしょう。

香りの面白いところは、普段身にまとっている香りは次第に感じなくなるということです。

香水がいい例で、初めて店頭でテスターを嗅いだときには鮮烈に感じた香りでも、ずっとつけているとまったく気にならなくなります（だからこそ、香水をつけすぎて周囲に迷惑をかけているのに本人は気づかない、ということがしばしば起こるわけですが）。

これはどういうことかというと、香りが自分の一部になったということです。言い換えると、新しい嗅覚の環境に適応して、新しい自分の感覚が形成されたということ。つまり、嗅覚に関しては、環境の変化によって自分が変わったことを、「香りが気にならなくなる」という形で認識できるわけです。

味覚は、人間の3大欲求の1つである食欲に結び付いていますから、これまた環境変化の影響は強力です。あとで「食事」の項目であらためて説明しますが、人間の体は食べたもので作られているので、その意味でもインパクトは大きいのです。

味覚の環境を変えるには、普段と違うものを食べればOKです。

具体的な方法としては、**「外食するとき、これまで頼んだことがないメニューを頼むようにする」**というルールを決めてしまうのです。

たとえば、その店で以前に食べたランプ肉のステーキがとてもおいしかった、とわかっていても、あえてまだ食べたことのない鴨《かも》のローストを注文するようにします。これだけで、常に新しい環境に味覚をさらすことができるようになります。

また、このルールを決めてしまうと、注文の時に迷いにくくなるという副次的な効果もあります。まだ食べたことのないメニューに選択肢があらかじめ絞り込まれるからです。

常に新しい行動を取る、というルールを決めることによって、迷わないで新しい行動を取れるようになるわけです。

最後の触覚については、前の「モノ」の項で述べたことも参考になるでしょう。手や顔といった、感覚の敏感な部分に触れるモノを変えていくということです。

衣服は全身を包んでいる環境ですから、肌着の素材を変えてみるなど、衣類の感触を変えてみるのも有効です。

もう1つ、肌で感じる温度も触覚の環境として大切です。

人間は、温度に飽きる生き物であることがわかっています。職場で従業員の集中を高めるためには、部屋の温度は一定にせず、1時間ごとに25度と26度を行ったり来たりするようにに変化をつけたほうがいい、という研究結果があるのです。

スーパーで、温かいお総菜売り場の隣に冷凍食品売り場があったり、といった配列になっているのも、温度の変化を作り出すことで客を飽きさせないための工夫です。

このことを踏まえると、たとえば部屋のエアコンの温度設定を変えたり、服を厚着にしたり、薄着にしたりすることだけで、かなり大きな環境の変化になり、普段と違う行動に

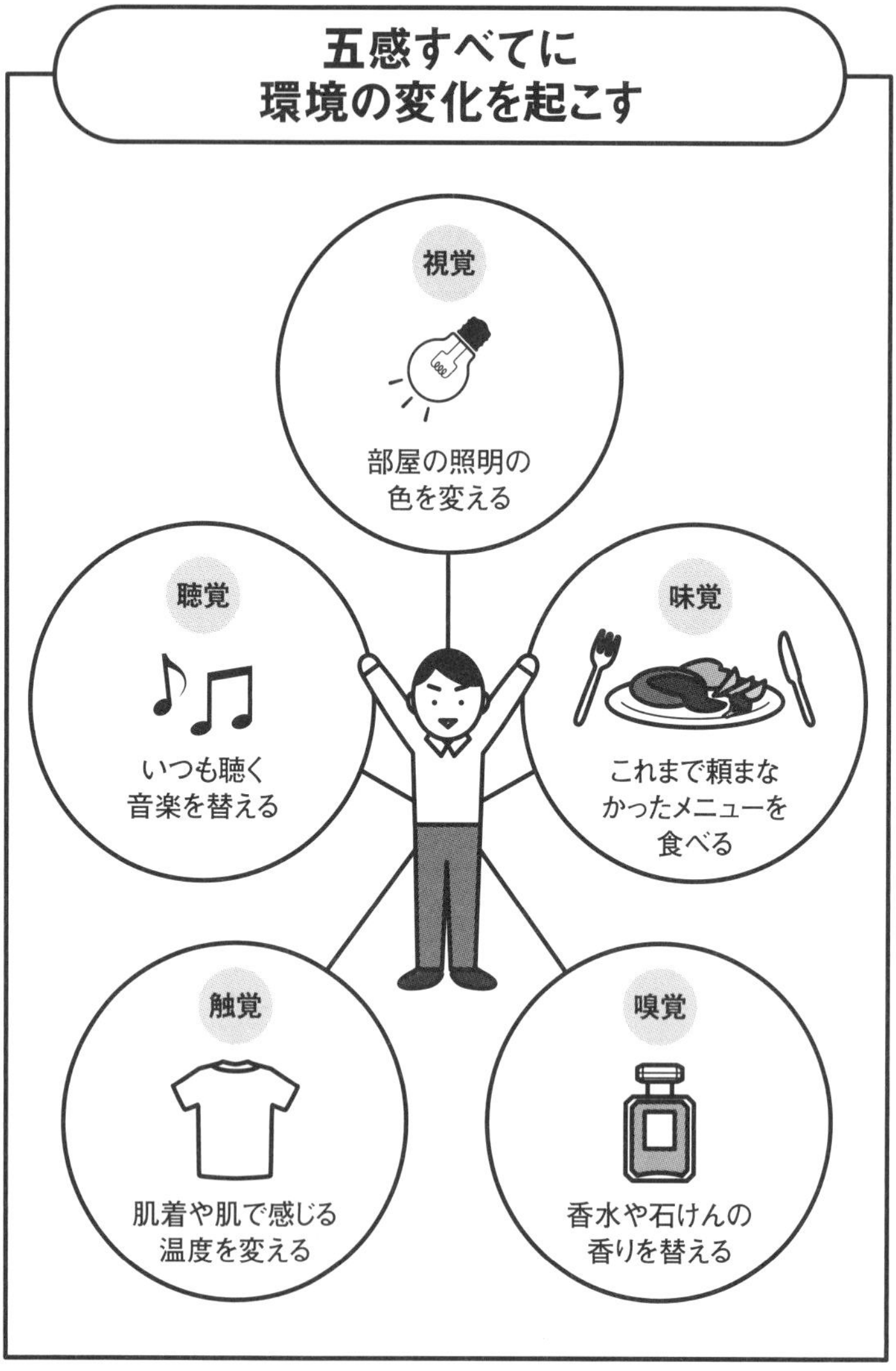
五感すべてに
環境の変化を起こす
視覚
部屋の照明の
色を変える
聴覚
いつも聴く
音楽を替える
味覚
これまで頼まな
かったメニューを
食べる
触覚
肌着や肌で感じる
温度を変える
嗅覚
香水や石けんの
香りを替える

つながってくることが期待できます。

「環境を変える」とは五感に入ってくる情報を変えることである。こう考えると、簡単に、今すぐ環境は変えられるものだということがご理解いただけたと思います。

引っ越しはあなたを変える最大のチャンス

ただ、最初に言ったように仕事を変える、住む場所を引っ越すといった大きな変化は、やろうと思ってもなかなかやれるものではありません（実は、本当にやろうと思えばいくらでもできるのですが、やろうと思うようになるためには本書を読んで十分に自分を変える力をつけていただくことが必要でしょう）。

その一方で、大きな環境の変化は、訪れるときには否応なく訪れるものです。たとえば部署の異動、あるいは転勤を命じられたことによる引っ越しなどです。急に会社が潰れて否応なく転職せざるを得なくなることだってあり得ます。

そこで、基本的には小さく環境を変えつつ、大きな環境の変化が訪れたときにはそれを生かす、という意識を持っておくことも大事です。

この本では、もともと持っている習慣を変えることが大事だと繰り返し言ってきました。では、**人間の習慣やクセといった行動が一番変わる、変えやすいときはいつでしょう。**

それは、新しい環境に入ったときです。

わかりやすい例がいわゆる「高校デビュー」とか「大学デビュー」です。それまでとは異なる人間関係、環境の中に入ると、まったく別のキャラクターに変わってしまうことさえ可能なわけです。

新しい環境に入るとき、人はその環境に適応しなければならないので、心が柔らかくなっています。だから、柔らかいうちに形を作ってしまえば、自分を変えやすいのです。

だから、大きな環境の変化があったときにはそれを活用する、という姿勢が大事です。

ですから、転職、異動、引っ越しといった変化がもしもあった場合には、そこで思い切って新しい行動を取ってみることを忘れないでください。

新しい環境に適応するために、自然と新しい行動は取るでしょうが、それに加えて、さらに意識して行動を変えていく。これまでしたことのない行動を選択するのです。

これが、否応なく訪れる環境の変化を活用するコツです。

成長し続けたいなら賃貸住宅を選ぼう

いったん環境を変化させても、人はすぐに新しい環境に適応してしまいます。そして、その環境に適した新しい習慣が確立すると、また同じ行動ばかりを繰り返すようになり、やがて変化を避けるようになってしまいます。

そこで、**環境を変化させやすいライフスタイルをあらかじめ選択してしまうというのはどうでしょう。成長し続けるためには、常に環境を変化させることが必要だからです。**

たとえば、家を買わないようにしてみること。あえて賃貸住宅に住み続けるのです。

そうすると、2年おきの更新のたびに「更新料を払うくらいなら」と引っ越しを選択しやすくなり、引っ越せば環境を変えることができます。そして、引っ越すごとに大きく自分を変えられるわけです。

また、引っ越しをめんどうくさがらないようにしておくことも必要でしょう。どうすれば引っ越しが簡単になるかというと、繰り返しになりますが、モノを減らせばいいのです。

モノを減らすことには、環境を変えやすくするというメリットもあるわけです。

引っ越し

×悪い例 「広い新居に引っ越したから、服を増やしても大丈夫だ」

○良い例 「いつでも引っ越せるように、もっと服を減らそう」

環境が常に変わるシステムを作る

私の場合、家にあるモノといえば、極端に言えば「本棚と机だけ」です。本は確かに多いですが、同じ形の段ボール箱に詰めていくだけなので大した手間はかかりません。

本は重いので引っ越し屋さんには苦労をかけることになりますが、1箱いくらという料金体系なので値段が高くなることもありません。

引っ越した先での復旧は簡単で、段ボール箱に番号を振っておいて、新居で組み立てた本棚に番号にしたがって本を入れていくだけです。

もっと言うと、私の場合は本が増えるということ自体を環境を変えるための仕組みにしています。

1、2年ごとに本があふれて置くところがなくなるから、「もっと広い家に移らなくては」と引っ越しを決意するのです。

このように、**環境を変えることだけでなく、環境が常に変わっていくシステムまで考えておくと、常に変化し、成長し続けることができるようになります。**

CHECK POINT

大きく環境を変えられなくても小さな環境はすぐ変えられる。

スイッチ
6
外見

外見が変われば周囲の扱いも変わる

大企業の就職面接では、面接担当者は、わずか数十秒のうちに採否を決定するといいます。

もちろん、そんなに短時間で相手の中身がわかるわけはありません。それどころか、質疑応答を一通りしたあとであっても、就活学生はみな同じようなことを言うので、中身は見えてこないのです。

では、どうやって判断しているのかといえば、直感としか言いようがないでしょう。

そして、直感とは何かといえば、パッと見たときに外見から得られる情報による判断です。

こうした判断は何も、人事担当者のようなプロしかできないことではありません。**子どもでも写真の見た目の情報だけで、人の将来をかなり予想できてしまうのです。**

心理学者、マシュー・ハーテンステイン（デポー大学心理学部准教授）の『卒アル写真で将来はわかる』（文藝春秋）で紹介されている、子どもを相手にした実験があります。

ゲームの中に船が現れて、その船に船乗りが1人ずつ乗っている。船乗りの顔はそれぞれ大統領選の候補者の写真になっています。ここで、「どちらの船に乗るか」を選ばせると、子どもは70パーセントの確率で当選するほうの候補を選んだというのです。

いかに、外見が人の判断にとって重要な意味を持っているかがわかります。

ということは、**あなたが外見を変えれば、周囲の人の反応は変わるということです。**周囲の反応が変われば、それによってあなたの行動も変わらざるを得なくなり、さらにあなたは変わっていくことになります。

というわけで、第6のポイントは「外見」を変えることです。

外見は一番面積の大きいところから変えよう

外見を変えるとき、効果が高いのは、

「服の色」
「顔の周り」

です。

まず、**服の色は、外見のうちで一番広い面積を占めているので、そのぶん印象を変える効果が高いです。**

自分が普段よく選ぶ色と違う色を身に着けるようにすると、ガラッと外見を変えることができます。

どんな色を選ぶかですが、できればこれまでよく身に着けていた色の真逆がいいでしょう。もちろん、そのほうが変化の幅が大きいからです。

寒色系ばかり選んでいたのなら暖色系に変える。ビビッドな色が好きな人はパステルカラーを選んでみる。赤が好きだったのなら反対色の緑に変えるというようにです。P168の「色相環」を参考にして、自分の好きな色の反対色を選んでみてください。

「ついつい黒を選んでしまう」という人なら、「黒だけは絶対に選ばない」というルールを作ってみてください。

色が与える印象は絶大です。

これは実感していただけると思いますが、初対面の相手が明るい感じの色の服を着ている人だったら、それだけで「親しみがある」「明るい」「気さくに話せそう」といった印象を持つはずです。

逆に、黒白でまとめている人は「結構気むずかしそうだ」「しっかりした人なんだな」といったイメージになるでしょう。

人の外見の一番大きい面積を占めているのは服です。

だから、たとえファッションに興味がない人でも、色が与える影響くらいは意識しておく必要があります。

色相環から
外見の印象を変えてみる

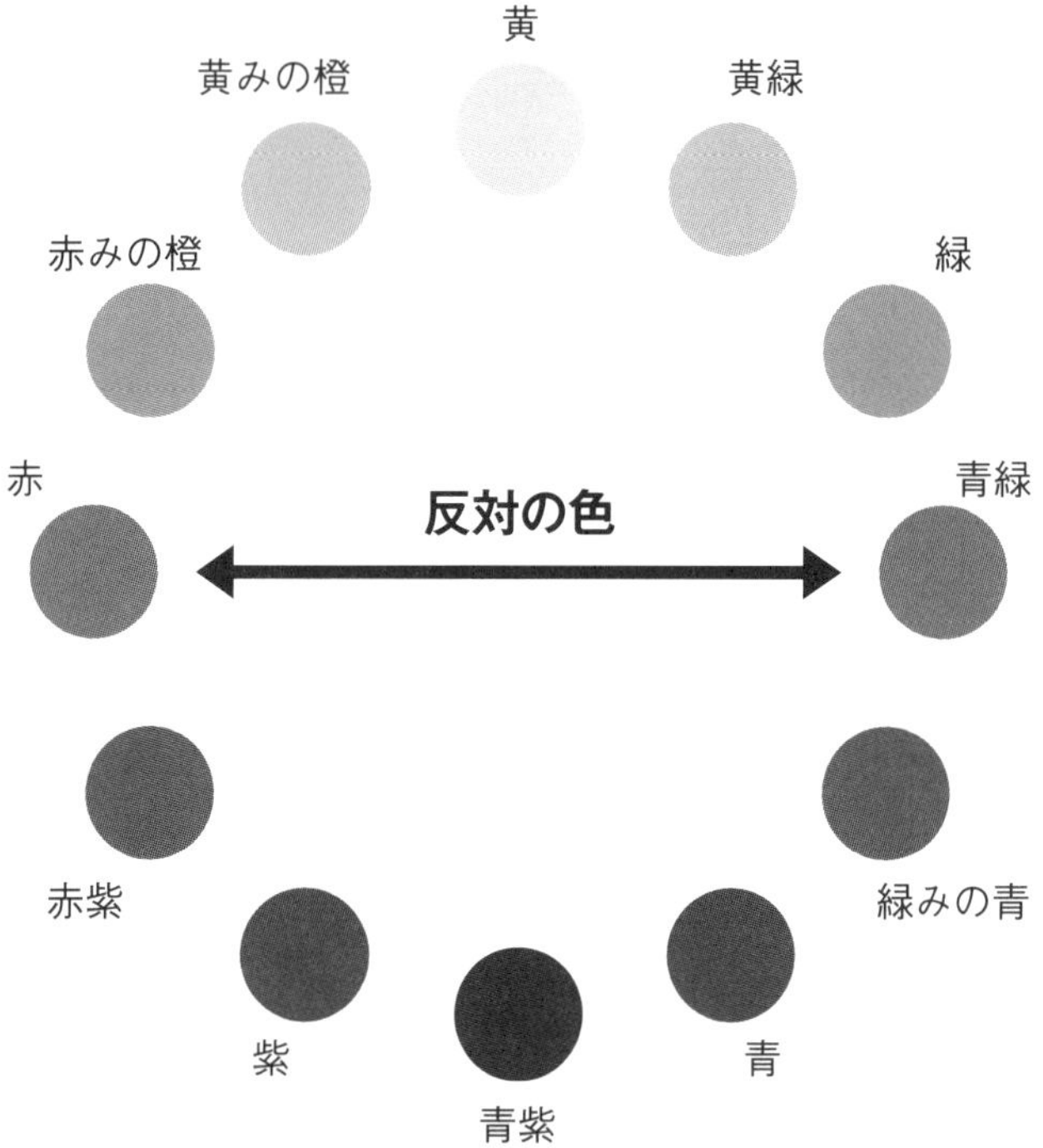

自分が普段よく選ぶ色と真逆の色を選ぶ

次に、顔の周りを変えるのは、一番よく目につく部分を変えるという意味でとても効果的です。

たとえば、髪形を変える、眼鏡を変えるといったことで、ずいぶん印象が変わることは経験的におわかりでしょう。

普段はかぶらない帽子をかぶってみる。逆にいつも眼鏡の人がコンタクトレンズにしてみる。

こういったことも手軽にできて効果があります。

もちろん、女性であればメイクの仕方を変えてみるのもいいでしょう。

このように、**印象の強い部分で外見を変えてみましょう。すると、周りの対応が変わることを実感できるはずです。**

人間は常に周囲の対応にレスポンスする形で自分の行動を決めていますから、周囲の対応が変われば自分の行動も自然に変化します。

見た目を変えれば自分が変わる、というと、「あまりにも短絡的だ」と思われるかもしれませんが、実際にやってみればその効果の大きさに驚くはずです。

外見を変えると新しいチャンスが舞い込む

外見を変えるときも、ロールプレイの考え方は使えます。

ここでも、**まずは「変わった後の自分は、どういう見た目になっているか」を考え、その外見を先取りしてしまいましょう。**

まずは外見だけを変わった後の自分にしてしまうのです。すると、本当に自分が変わっていきます。

私も、かつてテレビでのパフォーマンスが仕事の主体だったときは、パフォーマーらしい奇抜な格好をしていました。

それは悪かったとは思いませんが、パフォーマーからビジネスパーソンに変わることを考えると、奇抜な格好では信用されません。

どちらかというと知性をアピールできるような外見にしたいわけです。インテリ系の格好と言ってもいいでしょう。

奇抜な格好をしている若者が「コンサルタントもやってるんですよね」と言っても依頼しようという企業はいないでしょう。

けれども、ビシッといいスーツを着ている人がコンサルタントを名乗っていれば、「ちょっと頼んでみようかな」と思うわけです。

そこで、まずは服を変えました。当時は東京の代官山のちょっと個性的なお店で服を買うことが多かったのですが、それをやめました。そして表参道にあるランバンオンブルーやその隣のディオールで買うようにしたのです。

おかげで服の値段は高くなってしまいましたが、これは必要なことでした。

なぜなら、ビジネスで成功している人は、ある程度は高級な服を着ていなくてはおかしいからです。ビジネスパーソンとして信用できる、成功している人に見えるようにするための服というわけです。

さらに、髪形も変えました。

以前の写真を見ていただくとわかるのですが、片目が隠れるような前髪で後ろを刈り上げた変わった髪形をしています。

これは、パフォーマーとしてミステリアスなイメージを出すためには正解なのですが、ビジネスパーソンとしてインテリの感じを出さなくてはいけないとなると、見せ方がまったく変わってきます。

あなたにも、おそらく「こうなりたい」という自分像があるはずです。

ピンポイントで、「この人のようになりたい」というモデルがいるかもしれません。

その自分像にふさわしい服装は、ネットで画像検索すればすぐにわかります。それを身にまとえばいいのです。

ここで注意してほしいことがあります。

服装を変えると言っても、お金持ちの人がやたらに高い服を着ていたり、虚栄心の強い人が無理をして高級品を身に着けたりするのとは違うということです。この手の人たちは、高い服を着ることで自己イメージを保っています。

そうではなく、あくまで自分の行動を変えるために服を使いましょう。

なんとなく高い服を着ればいいわけではありません。

変わった後の自分はどんな服装をしているか、そうして作った外見が相手にどういう影響を与えるか、を考えなければいけません。

私の場合は、服装を変えた結果、仕事まで変わってしまいました。

同じような例として、**マジシャンのスティーブ・コーエンのエピソードも紹介しておきましょう。**

今では、ニューヨークを中心に上流階級だけを顧客とするマジシャンとして活躍する彼も、この仕事を始めた当初はなかなか売れなくて苦労をしていました。

ところが、あるとき、なけなしの全財産をはたいて、超高級なスーツと時計を買ったのが転機になりました。

この出で立ちで「セレブ専門のマジシャン」として売り出したところ、本当にセレブの人たちの間で話題が広まって引っ張りだこになったのです。

まさにスティーブ・コーエンは、外見を変えるところから入ったといえるでしょう。

それも、「セレブ専門のマジシャン」という目的に向かって、そうなったときの自分にふさわしい格好をしたのです。

セレブ専門のマジシャンということは、ギャラも桁違いだろうし、当然儲かるはずでしょう。安物の服を着ているはずがありません。第一、それなりの格好をしていないと上流階級のパーティーには入れません。

だから彼は、高級なスーツを着こなして、時計などの装飾品もそれにふさわしいものを持っているはずだ……と考えて、服装を変えたのです。

その結果、彼は本当にセレブだけを相手にする超一流のマジシャンになってしまったわけです。

外見を変えることには、このような恐ろしいまでの効果があるのです。

外見を、変わりたい自分にふさわしいものにして、ロールプレイをしましょうと言いました。

これは、どうせやるなら徹底したほうがいいでしょう。

「仕事のときだけロールプレイすればいい」「面接のときだけそれらしい格好をすればいい」ではなく、常にその外見を保つようにするのです。

新しい仕事を始めるような大きな変化をもたらすチャンスは、どこに転がっているかわかりません。

より具体的に言えば、変化のきっかけになる人との出会いがいつ訪れないとも限らない。

そう考えると、普段からなりきることの大事さがわかるでしょう。

高級スーツを買う

✕悪い例

「転職に成功したら、高級スーツを買おう」

○良い例

「高級スーツを買って、転職活動をしよう」

CHECK POINT

「理想の自分」のモデルを見つける。真似れば、やがて本物に近づいていく。

スイッチ
7

食事

ファストフードは人を怠けさせる

最後に取り上げるポイントは「食事」です。

食事は、セックス、睡眠と並ぶ人間の基本的な欲求に基づく行為です。

それだけに、食に対する人間の感覚は鋭く、食べるもの、食事に関わる行動を変えることは重要です。

さらに、食べたものが人間を作っているのですから、何を食べるかは精神や肉体のコンディションも左右し、行動力に影響してきます。その意味でも、食事はあなたを変えるために決定的な役割を果たすのです。

ファストフードがあまり体によくない、肥満のもとになる、ということは誰でも知っているでしょう。

それに加えて、自分を変えるために行動しようとしている人にとっては、もう1つ見逃せない弊害がファストフードにはあります。

「ファストフードを日常的に食べる人は、生活習慣が怠惰になる」

ということが最近明らかになったのです。

UCLA（カリフォルニア大学ロサンゼルス校）のチームがマウスを使って実験した結果、ジャンクフードを模した糖質や脂肪分の多いエサを与えられたマウスは、普通のエサを与えられたマウスに比べて怠け者になることがわかったのです。

行動習慣が怠惰になるということは、新しい行動が取りにくくなるということ。そうなると、自分のやりたいと思っていることができなくなり、変わりたいと思っている方向に変われなくなっていきます。

ここまで繰り返し述べてきたように、行動することで人は変われるのですから、行動を妨げるような食事は避けるべきです。

もしも今、ファストフードを頻繁に食べている人がいるとしたら、まずはそれをやめてみましょう。それが、自分を変えるための第一歩です。

「意志の強い人」になれる食事

では、逆に行動しやすくなる食事とはどんなものでしょうか。

自分を変えるためには、意志の力が必要です。自己コントロール能力と言ってもいいでしょう。

意志の力というと、持って生まれたもののように思われがちですが、実は強化することが可能です。それも食事の力によってです。意志力を作る食品があるのです。

それは何かというと、ゆっくり吸収される糖分です。

人間の意志力、自己コントロール能力が発揮されるのは、血糖値がゆっくり上がっていくときです。

血糖値が下がり始めると、脳はとたんに省エネ運転を始めます。あまりに血糖値が下がると、体温調整や呼吸といった生命維持活動ができなくなってしまいます。そこで、まずは生存に直結しない前頭葉や大脳皮質の活動が不活発になるのです。

これは、理性的な部分、人間らしい部分から止まっていくということです。その中に、自分をコントロールする意志力も含まれるわけです。

そこで、血糖値を下げないために糖分を取る必要があるわけですが、急速に血糖値を上げる食品は逆効果です。急に上がった血糖値はすぐに下がってしまうので、結局、血糖値が上昇している時間が少ないのです。

これに対して、**ゆっくり吸収されて、血糖値をゆっくり上げていく食品を食べると、血糖値が右肩上がりになっている時間が長くなり、意志力を高く保てる時間も増えるというわけです。**


今述べた、急速に血糖値を上げる食品は、いわゆるＧＩ《ジーアイ》値（血糖値を上げ下げするスピードを表した数値）が高い食品で、砂糖、白米などの精製された穀物などがこれにあたります。

一般には、ダイエットの大敵として紹介されることが多い食品です。

血糖値をゆっくり上げてくれる食品は、低ＧＩ食品と呼ばれます。たとえば玄米や全粒粉などの無精製の穀物、ナッツなどです。

意志の力を高め、自分を変える行動ができるようになるためには、要するにこの低GI食品を食べることです。これによって血糖値が右肩上がりになっている時間を増やせば、行動できる時間も長くなります。

低GI食品については、インターネットで調べればいくらでもリストアップすることができます（大抵は「低GIダイエット」という切り口で紹介されていますが）。好きなものを選んで、これまで食べていたものから切り替えていくといいでしょう。

手をつけやすいところとしては、たとえば朝食です。いつも白米のご飯や食パンを食べていたとしたら、これを玄米のご飯に代えてみてください。午前中の仕事の効率が明らかに変化するはずです。

また、小腹が空《す》いた時にチョコレートやスナック菓子を食べる習慣がある人なら、おやつをアーモンドなどのナッツ類に代えてみましょう。

アメリカのアンドリューズ大学の調査では、2グループに分けた学生のうち一方にクルミ入りのバナナブレッドを、他方にクルミなしのバナナブレッドを与えたところ、クルミ入りのグループでは推論的論証能力が11・2パーセント改善するという結果が出ています。

甘いものを食べると確かに血糖値が上がるので、「疲れがとれる」「仕事の効率が上がる」

と感じる人は多いのですが、甘いもの＝高ＧＩ食品による血糖値上昇は一瞬です。一瞬元気になったと思っても、その後に血糖値の急な低下が起きているのです。本当に仕事の効率を上げたいなら、ナッツを食べてゆっくり血糖値を上げることです。

玄米やナッツ類はあまり好きではない、低GI食はめんどう、という人であれば、食べ物の種類を変えずに血糖値を安定させる方法もあります。食事の回数を増やすのです。

具体的には、朝食と昼食を2回ずつにして、1日5食にしてしまうのです。めんどうなことは何もありません。自分で作るなり、買ってくるなりした食事を2回に分けて食べるだけです。食事を小分けにして食べるだけでも、血糖値の急激な低下は避けられます。たとえば、朝食は朝5時に起きてすぐと出勤前の7時、昼食はお昼休みの12時に半分食べ、14時に残りを食べる、といった方法を試してみるといいでしょう。

夕食の比重は2割に抑えよう

また、「何を食べるか」だけでなく、「どう食べるか」にも注目するといいでしょう。

おそらく、ほとんどの人は、1日3食のうちで夕食を一番たくさん食べているのではないでしょうか。

朝食の割合が2だとすると、昼食が3、夕食が5、といった比重です。朝食は食べない、あるいは野菜ジュースだけ、といった人もいると思います。その一方、夜はお酒を飲みながらたくさん食べる、といった食生活を送っているのが現代人です。

このバランスを変えていくのです。

理想としては、朝・昼・夕の食事の比重は、5対3対2であると言われています。夜は一番軽くすべき、ということです。

夕食をたくさん食べてしまうと、その後はあまり活動しませんから、脂肪が蓄積しやすくなります。また、胃腸に負担がかかるので睡眠の質が低下します。

結局、このバランスで食事をしていると、必要のない夜にはエネルギーが余っていて、必要な朝と昼にエネルギーが足りないことになってしまうわけです。

これを、理想的には、朝・昼・夕が5対3対2に持っていきたいのですが、それはなかなか難しいでしょう。普通に働いていれば朝は忙しいですし、多品目の朝食を用意するの

食事の量と回数の理想的なバランス

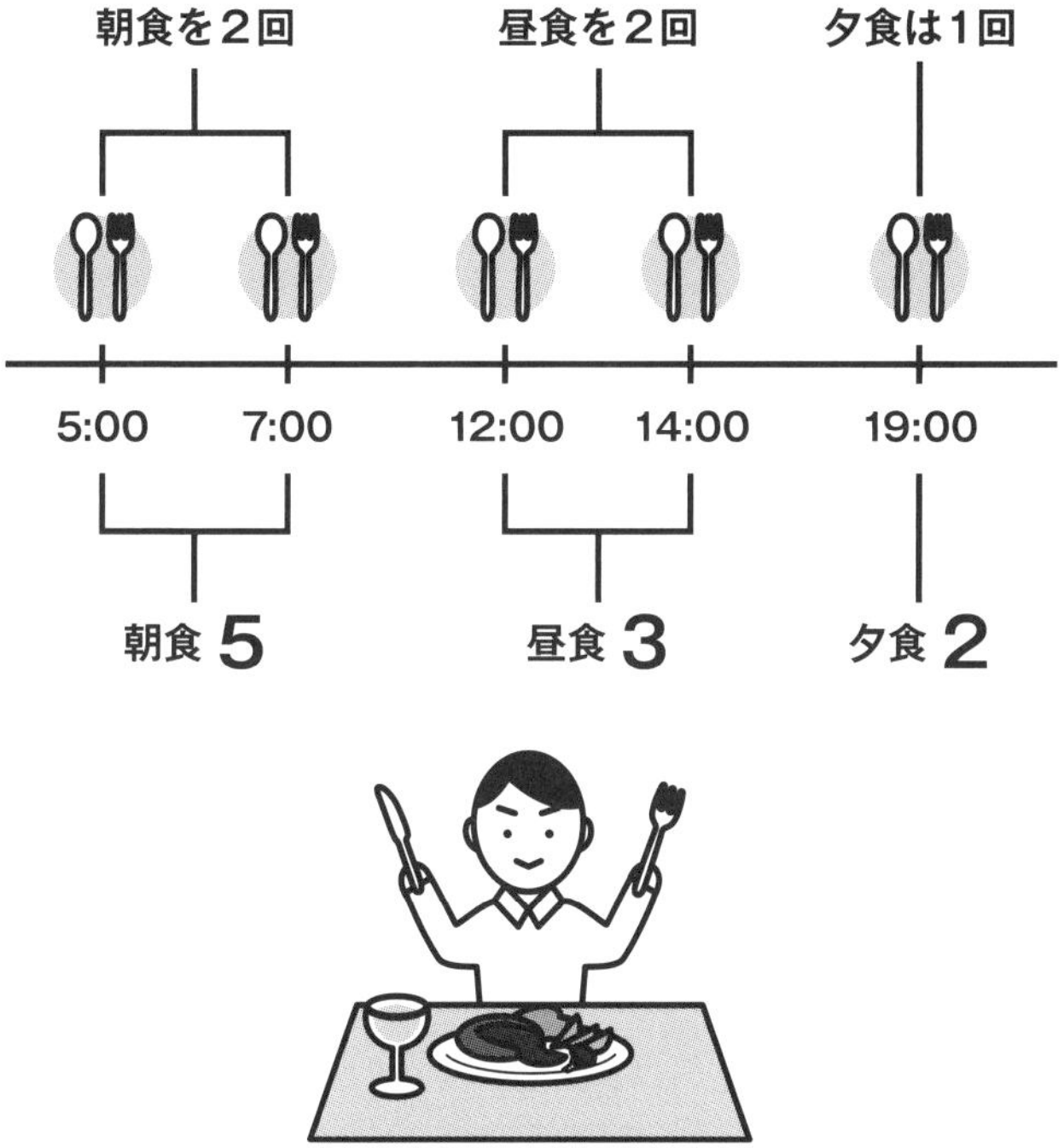

食事の回数とボリュームを見直すだけで人は変化する

は大変です。

そこで、作りおきするなどして、少しでも朝食を充実させましょう。好きなものを食べたいなら昼食を豪華にすることです。その分、夕食は軽くしていくことで、4対4対2、3対5対2に持っていく、というのが現実的だと思います。

夜は少なめにして、朝と昼でなんとかする、というイメージです。

自分で食事を作って価値観を変えよう

食事を変えることは、食事に関わる様々な新しい行動を起こすことにもつながります。

たとえば、コンビニ弁当はほとんど炭水化物ばかりでできている、高GI食品のかたまりです。だからなるべく食べないようにしましょう。

とはいえ、代わりに外食をするとなると、それなりにバランスの取れた食事をするためにはかなりのお金を使わなくてはいけません。そこで自炊をせざるを得なくなります。

すると、これまで料理をしていなかった人が料理をするようになり、様々な新しい行動が始まるわけです。

私自身、自炊を増やしてみて新しい発見がたくさんありました。

たとえば、食後に食器を洗うのがいかにめんどうくさいか、ということです。できるだけ洗い物を減らすために、大皿を使ってワンプレートですまそう、といったことも自然に考えるようになりました。

そうなると、毎日家事に追われている主婦が、無神経に取り皿を使いまくる家族にイラッとする気持ちなどもわかってきます。

食事を変えることによって家事の大変さに気づくということは、特に男性にとっては大事なことです。そうでないと、「自分は金を稼いでいるから偉い」とカン違いしている夫、父親になってしまいます。

お金を稼いでいるから偉いのだと考えている人は、ウォーレン・バフェットの前ではなんの価値もない人間ということになってしまいます。これはとても恐ろしい考え方だとわかるでしょう。

価値のある仕事は外で金を稼いでくることだけではない。家庭を維持するための家事、子育ても同じように価値のある仕事である。そんなことも、自炊をすることによって実感できるようになってくるのです。

食事を変えることは、新しい価値観、新しい視点の獲得という変化を伴うわけです。

昼食時は人間関係を変えるチャンス

「時間」の項でも紹介した食べる相手を変えることもお勧めです。**心理学には「ランチョンテクニック」という考え方があります。**一緒に食事をした相手には親近感をいだく、という心理を利用して人間関係を作るということです。

たとえば、昼食のときに、いつも一緒に食事をしている人ではなく、別の人を誘ってみると、親近感が湧いて新しい人間関係が生まれることが期待できます。

また、「友人」の項で述べたように、付き合う人が変われば相手に合わせて考え方や行動が変わっていきますから、自分も変わっていきます。

人とのつながりが増え、新しいビジネスチャンスに出合えることもあるでしょう。

あえて一緒に食べる相手を変えようとしなくても、ファストフードを避けるために食べるものを変える、夕食を軽くするために昼食に重いものを食べる、といった行動を取るようになれば、自然に人間関係は変わってきます。

それまで牛丼屋にばかり行っていた人が、玄米を食べられる和食の店に行くようになれば、「それなら一緒に行く」という人は変わってきます。店でたまたま会う人も変わります。

いつも外食していた人が自分で作った弁当を持って会社の休憩室に行くようになれば、今まであまり親しくなかった人と仲良くなることも当然あるでしょう。

また、**店の選び方が変われば昼食時に出かけていく場所も変わって、行動のエリアも変わってきます。それがまた新たな発見、出会いのチャンスにつながるわけです。**

ランチ

✕悪い例　いつも同じ相手と同じ定食屋へ行く。

〇良い例　行く店や一緒に行く相手を変えてみる。

食事のレコーディングに付け加えるべき項目とは？

ここまで、食事を変えるための具体的な行動を紹介してきました。

すぐに実行できそうなものについては早速試してみていただきたいのですが、どこから手をつけていいかわからない場合には、とりあえずやっていただきたいことがあります。

それは、**あなたの1週間の食事をすべて記録することです。**

まず、いつ、何を食べたかを書き出します。朝・昼・夕の食事はもちろん、ちょっとした間食も、もれなく記録してください。

ここまでなら、ダイエットのための食事記録などでやったことがある人も多いでしょう。違うのはこの先で、「誰と、どこで食べたか」までを記録するのです。

食べたもの、時間、場所と食事の相手までを記録すると、自分の食事、それに伴う行動のクセが見えてきます。

「誰かと一緒に食べるときはつい食べ過ぎてしまう」と気づく人もいれば、「本当に好きなものを食べているのは1人のときだけだ」と気づく人もいるでしょう。「あまりにも1人で食べることが多い。人付き合いが悪くなっているな」「なんでこんなにジャンクフードを食べているんだろう。そうか、先週は仕事が忙しかったから」といった気づきもあると思います。

自分を変えるための一番いい方法は、今の自分を知ることです（だからこそ、変わることを嫌う人間は自分を直視することを嫌がる、という話は前にしました）。

食事を変えるためには、まず自分が何を、どんなふうに食べているのかを知ることから始めましょう。そして、このことは、今まで取り上げてきた、自分を変える7つのポイントすべてに共通する基本です。

CHECK POINT

食生活を変えるだけでも人間は変わっていく。

STEP 3

潜在能力を最大限に引き出す！5週間トレーニング

5週間の実践でポジティブ・チェンジ！

これまでのステップで、自分を変えるための3つのルール、7つのスイッチについて説明してきました。

具体的なノウハウもたくさん紹介していますので、気になったものから早速試していただきたいところです。

とはいえ、実際にはなかなか行動に移れない人も多いでしょう。

これまで繰り返し説明したように**人間は変化が嫌いで、変化のための行動を避けるものだからです。**

そこで、今までに紹介したノウハウを生かしてもらうためにも、まずは行動するクセ、変われるという実感を持ってもらう必要があります。

ここから説明するのは、そのための5週間にわたるトレーニング・プログラムです。

5週間というと長いように思えますが、無理なく、確実に変わるためにはこのくらいの期間は必要と考えてください。

5週間のトレーニング・プログラムを簡単に説明しましょう。

まず、**1週目は「A4の紙に自分を書き出す」**。変えるべき点、そして変わるための具体的な第一歩目の行動を抽出するプロセスです。

2週目は、「『新しいこと日記』をつける」。実際に新しい行動を誘発しながら、人生の満足度も高めることで、「変化は楽しい」と感じられることを目指します。

3週目は、「『めんどうくさい』を行動のサインにする」。自分を変えるためにはやったほうがいいけれども、実行するのはめんどうくさいこと、というのがあります。

というより、人間は大事なこと、やるべきことしか「めんどうくさい」とは思わないものです。

本気で自分を変えようと思ったら避けて通れない「めんどうくさい」を克服するために、

逆転の発想で行動していきます。

4週目は、「『超恥ずかしいこと』をする」。

心理的抵抗という意味では、一番の難所かもしれません。だからこそ、これまでの3週間で養ってきた行動の習慣が役に立ちます。

また、「超恥ずかしいこと」がなぜ役に立つのかを理解すれば、行動しやすくなるはずです。特に抵抗を強く感じる人のために、実行しやすい方法も紹介しています。

最後の5週目は、「敵を利用する」。

なぜこれが自分を変えることと関係するのか、疑問に思うかもしれません。が、否定して避けていた敵＝苦手な人、モノ、事を利用できるようになれば、やれることは大きく増えます。

また、否定から肯定・利用へという変化は、まさにポジティブ・チェンジの最終段階に紹介するにふさわしいノウハウだとも言えるでしょう。

さて、この5週間のプログラムですが、1週目は「A4の紙に書き出す」だけ、2週目は、「『新しいこと日記』をつける」だけ、というようにそれぞれのトレーニングに集中してもいいですし、１週ごとにトレーニング種目を１つずつ足していく、という方式でやってもかまいません。

なかには、１週間実践するうちに、その週の課題については意識しなくてもやれるようになって、自然に週ごとにトレーニングの種類が増えていく、という人もいるでしょう。

それは、各自のやり方でいいのです。

また、実際に試してみて、「自分はこれは苦手だ」「このステップは自分にとって重要だ」と思うトレーニングに関しては、２週間、３週間と長めに期間をとってもいいでしょう。

とにかく、考え込まずに、自然に行動に移れるように工夫したプログラムですので、実行は決して難しくありません。

このプログラムにしたがって5週間のトレーニングを終えた後には、あなたは変化を恐れない、行動から逃げない、新しい習慣を身に付けているはずです。

第1週

Ａ４の紙に自分を書き出す

まずは現在の自分の属性を書き出してみる

最初の週に実行するのは、実に単純なことです。

難しいことは何もありません。

用意するのは、Ａ４の紙です。

縦に置いて、Ｐ２０１のようなリストを作ってください。

そうしたら、このリストの左側に「現在の自分」を、中央に「これからの自分」を書いていきます。

難しく考えることはありません。**「現在の自分」は、現在の自分が持っている属性を書き、それを全部逆にしたものを「これからの自分」に書いていくだけです。**

実例で説明したほうが早いと思うので、私がかつて書いたものをそのまま紹介することにします。

これは、中学2年生のとき、ひょんなことからいじめられっ子を脱した私が、「今までの自分を変えてやろう」と決心して書いたものです。

まず、「現在の自分」はというと、

太っている。眼鏡をかけている。成績は学年でビリに近い224位。天然パーマ。好きな色は黄色……。

このように、思いつくままに書き出していきます。

紙の左側の欄の下まで書けたら、今度は「現在の自分」を逆にしたものを中央に書いていきます。

やせている。コンタクトレンズをしている。成績はトップスリー（学年で224位ということは下から3番目なので）。ストレートヘア。好きな色は青（黄色の反対色なので）。

現在の自分を正反対の方向に変える

こうして書き出した「これからの自分」、つまり中央の属性に自分を変えていくわけです。気をつけなければいけないのは「それが正しいかどうか」は問題ではないということです。言うまでもなく、太っているよりやせているほうが正しいとか、黄色を好むよりも青色を好むほうが優れているなどということはありません。

このトレーニングの目的は、変わること自体です。まずは、**「変われる」という能力とか自信を手に入れることが大事なのです。**自分の望む方向に変えていくのは、変われるようになってからいくらでもできます。とりあえずは機械的に今の自分を正反対にひっくり返すようにします。

変わろうとしたときに、行動できないのは、どう変わればいいかわからないからです。つまり、どう行動すればいいかが明確でないのです。

だからといって、どう変わるか、どう行動するかを明確にしようとすると「考える」罠にはまってしまいます。

そこで、**とりあえず真逆の自分に変わることにする。**これなら、今の自分をひっくり返すだけなので「考える」というプロセスを経ずに行動を明確にでき、行動をしやすくしていくことができる。このトレーニングのポイントはここにあります。

変わるためのメソッドはなるべく具体的に

さて、一通り「これからの自分」を書き出せたら、次は右側に「これからの自分」になるための行動、メソッドを上から順に書き出していきます。

「やせている」自分になるためには、「ジムに入会する」「ランニングを始める」。

「コンタクトレンズをしている」自分になるためには、まずは「眼科に行く」。

成績をトップスリーにするためには勉強をしなくてはいけない。効率よく成績を上げるためには伸びしろのある教科を重点的に勉強したほうがいいから、「〇〇の問題集を買ってくる」。

ストレートヘアになるのは簡単で、「サロンを予約する」。

黄色でなく青が好きな自分になるために、「青い服を買う。黄色い服を弟にあげる」……。

大事なのは、「これからの自分」を決めるだけでなく、そうなるための行動を書き出すこと。それも、見ていただければわかるように、できるかぎり具体的に、今すぐ何に着手すべきかというレベルまで落とし込むことです。

たとえば「やせている自分」になるための行動として、「10キログラムやせる」と書くのでは不十分です。10キログラムやせるためにはどんな行動を取るべきかを掘り下げましょう。

すると、ランニングだけで10キログラムの減量は難しい。基礎代謝量をアップして常にカロリーを多く消費しなければいけない。ならば、筋肉をつけるためにウェートトレーニングをする必要がある。そのためにはまず通いやすい場所にあるジムに入会すべきだな……という具合に掘り下げられます。

また、**具体的な行動に落とし込むためには、「どうすればそうなるか」を調べてみる、**

自分を変えるための
リスト

現在の自分	これからの自分	メソッド
太っている	やせている	ジムに入会する ランニングを始める
眼鏡を かけている	コンタクト レンズにする	眼科に行く
成績は 下から3番目	成績は 上から3番目	伸びしろのある教科の 問題集を買ってくる
天然パーマ	ストレートヘア	サロンを予約する
黄色が好き	青色が好き	青色の服を買う 黄色の服は弟にあげる
………	………	………
………	………	………
………	………	………
………	………	………
………	………	………

自分の属性を書き出してみる

左の属性を機械的に正反対にひっくり返す

今すぐ何に着手すべきかを具体的に書く

というのも一つの手です。

これは私の体験談ですが、「成績をトップスリーにする」と決めたときには、どのくらいの点数をとれば学年で3位以内に入れるのかを調べてみました。すると全教科の平均点が90点を上回ることが必要だとわかりました。

このことがわかると、何をすればいいのかが見えてきます。

当時、私は体育の教師と仲が悪かったので、体育の点数は期待できません。すると、他の教科でカバーして全体で90点を上回らないといけない。

とすると、伸ばせそうな教科は……と、どんどん具体的な課題が見えてくる。その結果、「この参考書を買いに行く」なり、「この科目の勉強時間を毎日1時間確保する」なりといった具体的な行動に落とし込めるわけです。

行動できないときというのは、往々にして、何をやったらいいのかがわかっていないものです。何をすればいいかわからないのに行動できるはずがありませんから。

たとえば、「英語を使えるようになりたい」と思っても行動に移せない人が多いのは、どんな努力をすれば英語が身に付くか、を知らない人が多いからです。英語の勉強法の本や、画期的と称する教材が世の中にあふれかえっているのは、正しい英語習得法が世の中に広がっていないからこそでしょう。

だからこそ、「これからの自分」を決め、メソッドがすぐに思いつかない場合には「どうすればそうなるか」を考えてみることが有効です。

繰り返し言っているように、人間の脳と体は変化を嫌います。「いつかやろう」になってしまっては駄目なのです。すぐできる行動に落とし込むことが重要です。

言い換えると、「行動をいかに早く取れるか」という観点から、取るべき行動を選択するということです。

あとは、書き出した行動を実行していくこと。これが1週目のトレーニングです。

CHECK POINT

「今の自分」「これからの自分」「メソッド」をA4の紙に書き出す。

第2週

「新しいこと日記」をつける

「新しいこと」はどんなに些細なことでもいい

Ａ４の紙に「現在の自分」と「これからの自分」を書き出し、「これからの自分」になるための行動を書き出して行動する。これだけで、生活の中にはこれまでになかった新しい行動がどんどん増えていくはずです。

行動を変えたことによって、そのフィードバックとして心理的な部分が変わりますから、すでにあなたはかなり変化をしていることになります。

２週目では、この新しい行動による変化をさらに加速していきましょう。

そのために使うのが「新しいこと日記」です。

１週目に、Ａ４の紙に書き出したのはこれからする行動、これからする「新しいこと」でした。

「新しいこと日記」には、実際にした新しいこと、「今日した新しいこと」を書き出していきます。

ここでいう「新しいこと」はどんなに些細なことでもかまいません。

たとえば、いつもは駅のエスカレーターを使うが、今日は階段を上ってみた。あるいは、オフィスのある階までエレベーターで上がっていたが、今日は階段を使った。

これまでは8時に起きていたので、今日は5時に起きてみた。

なるべく顔を合わせないようにしていた○○部長に、自分から挨拶をしてみた。

昼食のとき、今まで入ったことのない店に入ってみた。あるいは、頼んだことのないメニューを注文してみた。

このように、どんなに些細なことでもかまいません。**必ず1個から3個は「新しいことを日記に書けるようにします**。下手に「新しいこと」のハードルを上げると書けなくなり

新しいこと日記は
ダイレクトに行動につながる

エスカレーター
ではなく
階段を使って
オフィス
まで行った
挨拶したことのない
○○部長に
挨拶をした
昼食のとき、
頼んだことのない
メニューを
注文した

1日に3つ新しい行動をし、日記につける。

ますから注意してください。

また、手軽に書けたほうが続きますから、飽きっぽい人はスケジュール帳の片隅などに、1行から3行で簡単に書く、といった方法がいいでしょう。

張り切って「新しいこと日記」用のブログを作って、ちゃんとした文章を書こうなどと思うと挫折しがちです。

「新しいこと日記」はダイレクトに行動につながる

さて、「新しいこと日記」を始めると何が起こるでしょうか。

必ず「新しいこと」を書かなくてはいけない。ということは、書くことがなくなってはいけない。そこで、**あなたは常に「新しいこと」を探して行動するようになるのです。**

つまり、「新しいこと日記」はダイレクトに行動につながる仕組みである、ということです。

ついでに言うと、「新しいこと」をやってみていい気分を味わったり、いいことが起きたりしたら、それについても一緒に日記に書いておくことをお勧めします。

たとえば、「5階まで階段を上ってみた。息切れしたけれど、頭がスッキリして午前中の作業効率が明らかに向上した」というようにです。

1日の終わりに、その日あった「いいこと」を書く「幸せ日記」を習慣にすると、人生に対する満足度が上がることがわかっています。「新しいこと日記」にもそれと同じ効果があるわけです。

この満足度が上がるという効果を科学的に説明したのが、ノーベル経済学賞をとった行動経済学の創始者、ダニエル・カーネマン（プリンストン大学名誉教授）の「ピーク・エンドの法則」です。

人は、体験を評価するときに、ある出来事の初めから終わりまでをまんべんなく判断材料にするわけではない。一番気分が盛り上がったとき（ピーク）と、その出来事がどう終わったか（エンド）の記憶によって評価は決まる。これがピーク・エンドの法則です。

確かに、「先週末の草野球は楽しかった」と言う人はヒットを打った瞬間のことを思い出しているでしょうし、ことわざでは「終わり良ければすべて良し」といいますから、私たちの直感にも合致する理論です。

この法則を実践的に活用する方法が、「幸せ日記」であり、その要素を含んだ「新しいこと日記」なのです。

今日1日をいい1日だったと思うためには、ピークとエンドが大事です。しかし、いつどこで気分が最大限に盛り上がるかは予測できません。つまり、コントロール不能です。

一方、エンド、1日の終わりは寝る前に決まっているので、コントロールができる。**寝る前に、その日あったいいことを思い出せばいいのです。**

「新しいこと日記」を1週間続ければ、自分を変えるための新しい行動が促進されるとともに、生活の満足度もぐんぐん高まっていくのが実感できるはずです。

CHECK POINT

常に新しいことを探していると、行動しやすい人間になっていく。

第3週

「めんどうくさい」を行動のサインにする

やがて行動に慣れて条件反射になる

ここまでくると、そろそろ「新しいこと」を始めることには抵抗がなくなっているはずです。3週目では、「新しいこと」を習慣化していきましょう。

そのための具体的な行動はただ1つ。

「めんどうくさいと感じた瞬間に体を動かす」です。

日常の中には、「めんどうくさい」ことはいくらでもあります。

台所のシンクに洗っていない食器がたまっている。

苦手なお客さんからのメールに返信しなくてはいけない。

経費精算しなければいけないレシートがたまっている。
そういえば、歓迎会のお店を予約しなければいけないんだった。
鼻をかんだティッシュをゴミ箱に投げたら外れた。拾わないと。

実際に自分がこうした状況に直面したときのことを想像してみてください。「めんどうくさい」という感覚が湧き上がってきたはずです。

この、**「めんどうくさい」という感覚を行動のサインにするのです。**

たとえば、食器のたまった台所を見て「めんどうくさい」と思った瞬間、流しの中に手を突っ込む。すると、食器洗いを始めざるを得なくなります。

同じように、

メール返信が「めんどうくさい」と感じた瞬間メールソフトを立ち上げる。
経費精算が「めんどうくさい」と感じたら即、デスクの上に領収書をぶちまける。
お店の予約が「めんどうくさい」と思った直後に、携帯で居酒屋に電話をかける。

ゴミを拾うのが「めんどうくさい」と感じると同時にゴミを拾う。

このように、「めんどうくさいと感じたらすぐ行動」を繰り返していると、そのうちに慣れてきます。

自分の中に「めんどうくさい」を行動のサインとする条件反射ができてくるのです。

行動するときに完成形は考えない

また、最初に行動を起こすときには、とりあえず完成形を思い浮かべない、というのもコツです。

たとえば、「報告書を書くのがめんどうくさい」と思ったとしましょう。このとき、とりあえずワープロソフトを立ち上げて何か書いてみればいいわけです。ただ、ここで「全部で2000字書かなくてはいけない」ということを考えると、気が重くなってしまいます。

そこで、ここでは「とりあえずタイトルだけを書こう」と考えましょう。これならぐっ

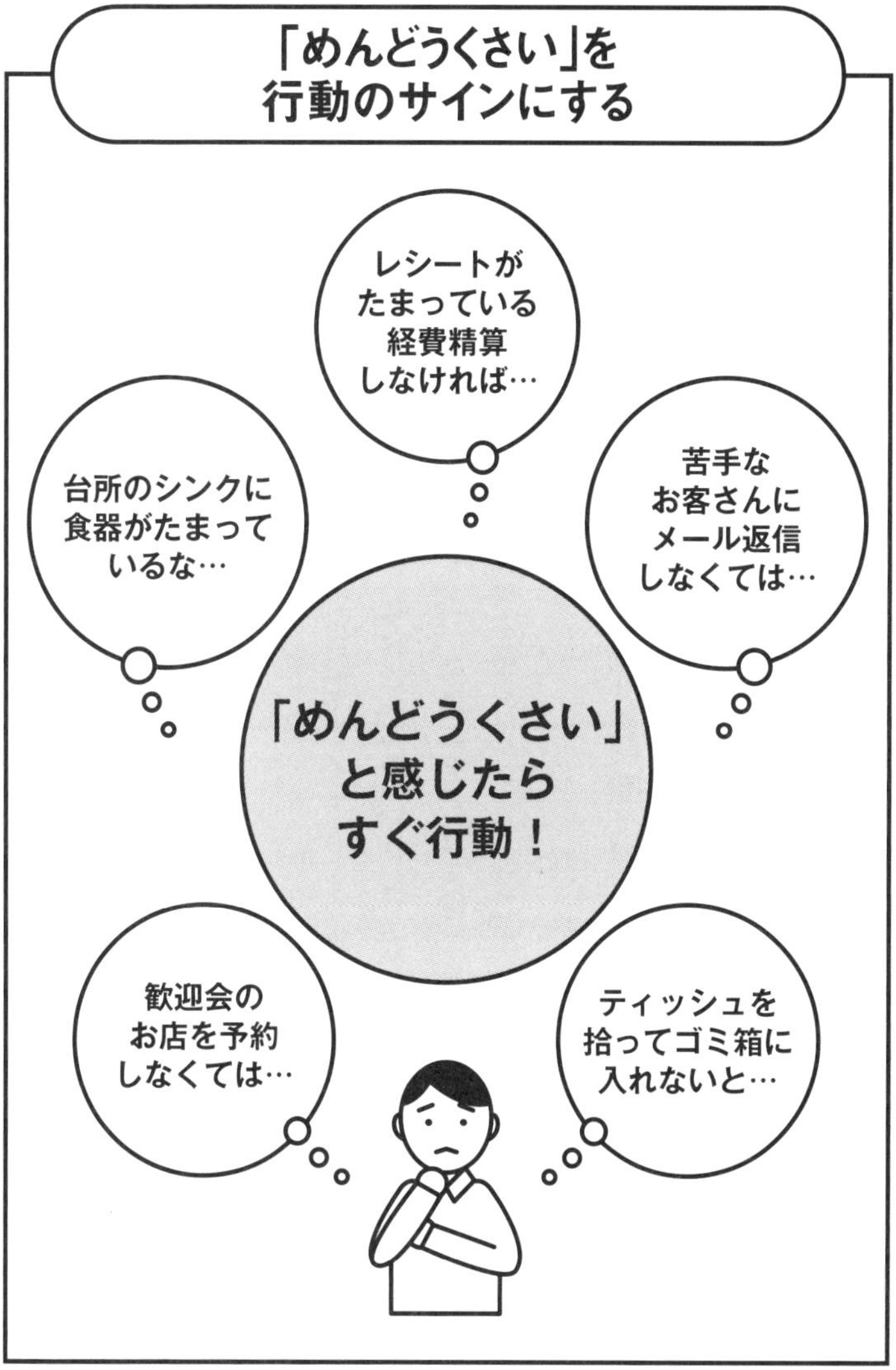
「めんどうくさい」を
行動のサインにする
レシートが
たまっている
経費精算
しなければ…
台所のシンクに
食器がたまって
いるな…
苦手な
お客さんに
メール返信
しなくては…
「めんどうくさい」
と感じたら
すぐ行動！
歓迎会の
お店を予約
しなくては…
ティッシュを
拾ってゴミ箱に
入れないと…

とハードルが下がります。そして、実際にタイトルだけでも書いてみると、作業興奮の効果もあって頭が回り始めるものです。

私がよくやるのは、ブログの記事を書くときに、とりあえずタイトルと日付だけを入れて投稿すること。これだけで終わってもいいのですが、不思議ともう1行書きたくなり、気がつくと全部書き終えていたりします。

人間の脳は、基本的に「徐々に最適化されていく」という性質を持っています。ポイントは「徐々に」ということ。やりたくないことが、いきなり楽しくなったりはしません。しかし、少しずつでも作業をしていくと、それに合わせて徐々にやる気が出て、効率も上がっていく。だから、まずはタイトルだけ書く、といったことが大事なのです。

岩崎弥太郎が三菱財閥を築けた理由

めんどうくさいことを進んでやれるようになる。このことは、自分を変えるために大きな効果を持ちます。

三菱財閥を築いた岩崎弥太郎は、浪人時代に他の人が嫌がる仕事ばかりを率先して引き受けたといいます。すると、「あいつはいつも他のやつらがやらないことばっかりやっている」ということで目立つようになった。これが、彼が周囲から抜きん出た秘訣《ひけつ》でした。

奇抜な新しいことを考えて実行したのではなく、とりあえず「めんどうくさい」と思った瞬間に体を動かしたことによって、彼は三菱財閥を作れたのです。

これは当然のことで、自分が「めんどうくさい」と思うことは、みんなも「めんどうくさい」と思うことなのです。ということは、みんながやらない理由もそこにあるわけです。

平凡な人たちがやらないこと、他の人ができないような行動をとるためには、特別クリエイティブである必要はとりあえずはありません。「めんどうくさい」と感じたら、それを行動のサインにするだけでいい。**それだけで、あなたは周りにいる人たちのなかから抜きん出る方向へ変化することができるのです。**

CHECK POINT

めんどうくさいこともやり出すと徐々にやる気が出てくる。

第4週

「超恥ずかしいこと」をやる

恥ずかしさに慣れれば変化への恐れも消える

人の脳と体は、変化を恐れています。

変化に対する恐れが、無意識のうちに変化を避ける行動（その最たるものが「行動しない」です）を選ばせてしまうということは、繰り返し言ってきました。

4週目のトレーニングは、この変化への恐れを取り除くものです。

「超恥ずかしいこと」をやる。

これも、私が学生時代にやって劇的な効果があったトレーニングでした。

具体的にやった「超恥ずかしいこと」というのは、こんなことです。

その1.
コンビニでハーゲンダッツのアイスクリームを買い、レジで店員さんに「温めてください」と頼む。

その2.

買い物をしてコンビニを出る。しばらくしたら、コンビニに戻って、先ほど接客してくれた店員さんに話しかける。

「おい、さっきこんな顔をしたヤツが来なかったか？（自分の顔を指さしながら）」

「は？　先ほどいらっしゃいましたよね？」

「バカモン、そいつがルパンだ！」


いかがでしょうか。

「これは恥ずかしい」

と思われたでしょう。

ここに挙げた例は2つですが、私は一時期、こういう「超恥ずかしいこと」をやりまくっていました。

ちなみに、ハーゲンダッツの例では、店員さんのほうが一枚上手でした。アイスを温めてくれと言った私に対して、即座に「ストローはお付けしますか?」と切り返したのです。

後者の例は、言うまでもないと思いますが、『ルパン三世　カリオストロの城』のよく知られた一場面の実演です。

こんな「超恥ずかしいこと」を、1週間集中してやる。

それが4週目のトレーニングです。

心の「レジスタンストレーニング」が心を鍛える

なぜ、こんなことをするのでしょうか。

普通に生きていたらあり得ないような恥ずかしさをあえて体験することで、自分の心が恥ずかしいことを処理する方法を学んでくれるからです。

恥ずかしいことの代表は、失敗です。大失敗した時に感じる恥ずかしさの処理に慣れることで、失敗が怖くなくなる。これが狙いです。

人が失敗をしたり、恥ずかしいことをするのを恐れるのは、他人に「残念な人」と思われるのではないか、見捨てられるのではないか……と思うからです。

そこで、**積極的に「超恥ずかしいこと」をしてしまうことによって、たとえ大失敗をしてもどうということはない、ということを自分にわからせるわけです。**

行動しようとしても失敗を恐れてつい腰がひけてしまう、というクセは、これまでのトレーニングでかなり脱却できているはずです。

しかし、人間のホメオスタシスは強力なものですから、何かの拍子にまた「行動しない」クセがぶり返すことは十分予想できます。

たとえば、新しいことをやって失敗した、痛い目に遭った、恥をかいた、といったきっかけによってです。

そうならないために、ここで失敗が怖くなくなるためのトレーニングをしておくのです。

あえて恥ずかしい思いをすることで、強い負荷をかけ、心を鍛える。これは、筋力トレーニングでいえば「レジスタンストレーニング」と同じ考え方です。

レジスタンストレーニングは、普通のウェートトレーニングのようにウェートを持ち上げることで鍛えるのではなくて、ウェートをゆっくり下ろすことで鍛えるトレーニングです。

ベンチプレスでいえば、重いバーベルが胸のところまで下がってくるのにできるだけ抵抗するわけです。

普段、全力を出しているつもりでも、筋肉は限界の力は出していません。持ち上げられないくらいの重量に耐えることで、できるだけ限界に近い負荷をかけて、通常よりも筋繊維にダメージを与える。そこから回復することで、筋肉は大きく強くなるわけです。

心もこれと同じです。

普通に生活しているだけでは、心にそうそう負荷はかかりません。

心が折れるくらいの負荷をあえてかけ、傷つき、そこから回復することで心は強くなるのです。

「筋肉が傷つかなければ強くならないのと同じように、あなたの心も傷つかなければ強くならない。痛みを乗り越えた先に、あなたは、今よりもはるかに強い心を手に入れること

ができる」

以前、私がしたこのツイートには、１５００件以上の「お気に入り」がつきました。心を強くするためには、あえて傷つかせることも必要だと気づいている人は、多いのでしょう。ただ、実行が難しいということなのだと思います。

とはいえ、ここでいう「超恥ずかしいこと」というのは、社会的生命を断たれるようなことではありません。また、人間関係に問題が生じるようなことをしろという話でもありません。あくまでも、笑って済ませられるレベルのものです。

だから、安心してください。

具体的にどんな「超恥ずかしいこと」をするかですが、たとえば先ほど紹介した私の「ハーゲンダッツトレーニング」「銭形警部トレーニング」はお薦めです。

すでにお気づきかもしれませんが、この２つは組み合わせることも可能です。ハーゲンダッツを温めてもらって店を出た後、銭形警部になって店に戻るのです。恥ずかしさと効果は倍増します。

恥ずかしさを克服する
トレーニングの例

①ハーゲンダッツトレーニング

このアイス
温めて
ください

②銭形警部トレーニング

バカモン!
そいつが
ルパンだ!

**「超恥ずかしいこと」を
やってみる。**

まずは負荷の少ないものから

エレベーターで乗り合わせた
全然面識のない人に話しかける

もっとも、何をやるかを自分で選んだほうがトレーニングに意味を感じやすくなりますので、そういう人はインターネットで「罰ゲーム」を検索してみてください。面白くて「超恥ずかしい」罰ゲームがいくらでも見つかります。

最初からこのレベルのものにチャレンジするのはきつい、という人はどうでしょうか。ここでも筋トレと同じ発想で、**とりあえずは負荷の少ないものからチャレンジし、徐々に負荷を上げていくのがいいでしょう。**

まずは、「エレベーターで乗り合わせた、全然面識のない人に話しかける」というあたりから始めてみるのはどうでしょう。

CHECK POINT

恥ずかしさに慣れれば、簡単に行動を起こせるようになる。

第5週

敵を利用する

苦手な存在こそ利用すべき相手

いよいよ、5週間プログラムの最後の週です。

ここでは、「敵を利用する」練習をしましょう。

普通、人は敵を避けよう、あるいは否定しようとします。

「敵」というと大仰に聞こえますが、要するに苦手な人、苦手な物事と考えてください。

たとえば会社にどうしても苦手な上司がいるとしたら、普通はなるべく接しないようにするでしょう。できれば視界に入れたくない、声も聞きたくないと思うかもしれません。

この苦手な存在、「敵」と向き合って、利用してやろうというのです。

つまり、**「こいつを利用してどういうふうに利益を上げてやろうか」を考えるのです。**

難しそうだな、大変そうだな、と感じるかもしれませんが、実は「敵を利用する」ことは自然で、理にかなったことです。

考えてみてください。

敵ではなく味方を、つまり好きな人、大切な人、自分が一緒にいたい人、つまり自分にとって大事なモノやコトについて、

「こいつを利用してどういうふうに利益を上げてやろうか」

と考えたら、どうなるでしょうか。

大切な人、大切な存在が、すべて自分から離れていってしまいます。

味方を利用するような人は誰にも信頼されないですし、それ以前に自己嫌悪で耐えられなくなってしまうはずです。

だから、味方を利用してはいけない。これに対して、敵はいくら利用してもいい。

『賢人の知恵』で有名な、17世紀に生きたスペイン・イエズス会の修道士、バルタサール・グラシアンが言うように、

「愚者が友人を利用する以上に、賢者は敵を有効に利用する」

のです。

友達を利用するようなひどい人間になるのではなく、敵を利用し、その利益を友達に還元するような行動を取るのだ、と考えれば、「なるほど、それはそうだ」と感じるのではないでしょうか。

ネガティブな物事に価値を見いだせるようになる

敵を利用する、というのは、具体的に言えば次のようなことです。

苦手な上司や同僚に積極的に関わる。そして、学べるところはないか、うまく利用できないか考えてみる。

苦手な場所にあえて行ってみる。たとえば、人混みが苦手なら休日の行楽地に出かけてみる。

嫌いなものをあえて選んでみる。普段ベストセラー本をバカにしているとしたら、書店に行ってベストセラーランキング1位から10位までの本を買ってきて読んでみる。

大事なことは、あくまでも敵を利用するのであって、敵に屈するわけではないということです。別に、負けるわけではないと考えれば抵抗は少ないはずです。

少し偽悪的になりますが、「バカとハサミは使いようだ」ぐらいに考えてもいいでしょう。

普段はバカにしている敵を、うまく使ってやるのです。

こうして、いつもなら近づかないようにしている人、モノ、事に積極的に関わり、利用法を考えるという姿勢で接していると、思わぬ発見があります。

どうしようもないヤツだと思っていた同僚は、確かにネガティブな面を持っているけれども、それでも意外と上司に気に入られているのは、自分なりの仕事術を持っているからだと気づく。

普段毛嫌いしていた流行《はや》りモノが、流行るだけの理由、売れる理由をしっかり押さえた商品だったと気づく。

さらに、自分が敵だと思っていた人物と、実は意外とウマが合うことに気づく。

こうした経験のフィードバックによって、自分の内面も劇的に変わっていきます。

そして、**もう1つ重要なのは、「敵を利用する」ことによって、ネガティブな物事に価**

値を見いだす行動のクセがつくということ。

ＳＴＥＰ１でアドラー心理学について説明したとおり、現状に恵まれていないから、今身の回りに十分な「味方」がいないからうまくいかない、といった考え方は、これから行動しないことの言い訳でした。

敵さえも利用する、という姿勢は、目的のために与えられている現状を利用するという積極性、目的論的な考え方、行動を養ってくれるのです。

敵を切り捨てても利益は生まれない

敵を利用する習慣をつけるための具体的なツールとして、ここでもリストアップすることをお勧めします。

まず、自分が苦手な人を思いつくかぎり書き出します。

書き出したら、次ページのようなリストを作り、一番左の欄に、苦手な順に上から並べていきましょう。下位の簡単な人から「攻略」していくためです。

そして、それぞれの人について、持っている能力、優れたところを書き出していきます。

自分の「敵」をリスト化する

苦手な相手順に上から書き出していく

相手	相手の属性	ベネフィット
部長A	口がうまい	上に取り入るのがうまい。社長に直接提案するチャンスを作るのに役立つかも
同僚B	投資の知識に詳しい	良い投資先を教えてもらえるかもしれない
部下C	IT機器に詳しい	最新のIT機器の情報が得られるかもしれない
姑	財産家	めんどうをみれば遺産相続で有利になるかもしれない
………	………	………
………	………	………
………	………	………
………	………	………
………	………	………

自分の敵だと思う相手の名前

持っている能力や優れたところを書き出す

相手からどのような利益（ベネフィット）を引き出せるかを書き出す

苦手な人だからといって、苦手なところや嫌いな点は書きません。

さらに、彼らの能力や長所が、自分にどんな利益（ベネフィット）をもたらすか、を書いていきます。どんな利用価値があるか、と言ってもいいでしょう。

「部長は上に取り入るのがうまい。社長に直接提案するチャンスを作るのに役立つかも」というようにです。

こんなふうにして、苦手な人の良い点にあえて目を向け、その利用価値を考えていってみましょう。


敵は個人とは限りません。インターネット上の不特定多数の敵も利用できます。

たとえばツイッターです。

私は毎日2回、ツイッターに投稿しています。私のツイートを読んでいるのは、私に対して好意的な人たちばかりとは限りません。私の考え方に否定的な人たちも、少なからず存在しています。後者の人たちは、私にとっての敵とも言えるでしょう。

私が、こうした敵に対して、あえて彼らの神経を逆なでするようなツイートをしてみたらどうなるでしょうか。

CHECK POINT

自分の敵（苦手な人や物事）にも利用価値はたくさんある。

私のツイートはどんどんインターネット上で広がっていくでしょう。ツイッターは否定される意見ほど、「バズる」という特徴があります。「バズる」とは、特定の単語や物事がインターネット上で爆発的に多くの人に広まっていくことを意味する言葉です。

重要なのは、広がるということです。私のツイートが広がれば広がるほど、インターネットで注目が集まっていきます。それがやがて、ニコニコチャンネルでの再生数アップにもつながりますし、収入増にもつながります。仕事の依頼にもつながっていくのです。

敵を利用して、利益を上げるとは、こういうことです。

苦手だから、嫌いだからといって切り捨てても利益は生まれません。しかし「なんとか利用できないか」という視点で見れば、役に立たないものはそうないのです。

エピローグ

あなたは、変わり続けることができる

この本を読んだあなたが手に入れたものは何でしょうか。

それは、おそらくあなたが自覚しているよりもずっと大きなものです。


以前より、朝1時間早く起きられるようになった。

いらなくなった服を捨てたのをきっかけに、部屋が見違えるほどスッキリした。

自炊するようになって、体調が良い気がする。そういえば、ウエストがきつかったスカートがまたはけるようになった。

仕事でイライラすることが少なくなった。タスクをためることが少なくなったからだろうか。

意外な人とのつながりができて、刺激を受けている。

ただの夢だった独立・企業が具体的に動き出した。

……こういった変化は、実にすばらしいことです。また、今挙げたよりはるかに小さな変化でも、十分に意味があることは言うまでもありません。

わずか1、2度の温度の変化でも、人間は変わることを本書のＳＴＥＰ２で紹介しました。たとえ10分早く起きられただけでも、あなたができること、五感で受け取ることは変わり、それによって人生が変わっていくのです。

そして、変化はたとえ大きくなくとも、それ自体が楽しい。変化する過程が楽しいはずだからです。

もっとも、**あなたが手に入れた本当に価値あるものは、こうした個々の変化ではありません。**

あなたが、変われる人になったこと。

変化を楽しめる人になったこと。
これからもどんどん変わっていける人になったこと。
それが何よりも大事なのです。

変われば変わるほど行動したくなる

プロローグでも書いたように、最近の私はトレーニングを始めて、心身が大きく変化しつつあります。

また、仕事の面では、かつてのメインだったパフォーマンス、テレビ出演、講演が「副業」になり、企業相手のコンサルティング等が「本業」になっています。

さらに最近では、テレビの企画でオックスフォード大学を取材したのをきっかけに、留学をして改めてみっちり勉強したいと考え始めています。

そのために、日本にいなくても仕事ができるようにしたいと思い、「仕事のオンライン化」を進めています。

ニコニコチャンネルを始めたのも、その理由の1つです。おかげさまで、登録会員は順調に増えていっています。

このように私は、現在も変わり続けています。それが楽しくて仕方がないのです。だからますます変わりたくなり、行動したくなり、さらに多くの可能性と出合うことができるわけです。

そして、本書を読み終えたあなたもまた、私と同じように、楽しみながら変わり続ける人間になれたはずです。

どうか自信を持ってください。

その上で、あなたがこれからも変化を続けていけるように、いくつかのアドバイスを書き添えておきたいと思います。あくまでも念のために、ですが。

まず、本書のＳＴＥＰ３での５週間のトレーニングの後に、自分なりのトレーニングを６週目、７週目と続けていってください。

５週間のトレーニングの中で気に入ったものを継続していってもいいですし、苦手だったものをさらにやってみるというのもいいでしょう。

また、「こう変わりたい」というあなたなりの方向性が見えたなら、新たなプログラムを自分で組んでもいいのです。

いずれにせよ、あなたは、「こう変わりたい」と考えたらそのとおりに変われる力を身に付けているはずですから、楽しみながら変化を続けていってください。

本書で提案した5週間のトレーニングは、「変化の楽しさ」を体感してもらうための、いわば「お試し」です。

変わり続ける喜びを本当に味わえるのはこれからなのです。

遺伝子の壁も超えられるポジティブ・チェンジ

ちなみに、「変化を続けていったとして、どこまで人間は変われるのか」が気になる人もいるかもしれません。

簡単に言うと「遺伝子の壁は超えられる」と考えてください。

かつては、遺伝子どころか、脳でさえも大人になってからは変えることができないとされていました。

ところが、**現在では「脳の可塑性（ニューロプラスティシティ）」という考え方が主流で、大人になってからでも脳は鍛えられる、賢くなれるというのが常識です。**

さらには、エピジェネティクス（遺伝子継承のメカニズム）という新たな研究分野が、遺伝子についての考え方も大きく転換させています。

確かに、人間が生まれ持った遺伝子は基本的には変えることができません。

しかし、（その人にとって）ネガティブな形質の遺伝子を持っているとしても、ネガティブな形質が発現するかどうかは行動、生活習慣、考え方によってコントロールすることができるということがわかってきたのです。

つまり、もともと引っ込み思案になりやすい遺伝子を持っているとしても、実際に引っ込み思案になるかどうかは、あなた次第というわけです。

また、**今は遺伝子のせいで引っ込み思案になっているとしても、それは行動、生活習慣、考え方によって変えられるということです。**

変わり続ける姿勢さえ持っていれば、遺伝子の壁でさえも超えることができる。このことを忘れないでください。

また、本書で繰り返し述べてきた「行動」の大切さについても、ここで改めて繰り返しておきたいと思います。

これまで世の中に出てきた数えきれないほどの「変わるための方法論」は、心理学や脳科学の観点から見ると間違いだらけです。実は、本書で私が言いたかったことの1つがそれでした。

典型的な例で言えば、ポジティブな考え方をすれば行動を変えられる、性格を変えられる、という考え方があります。

「心を変えれば、行動が変わる」というわけです。

一見もっともらしいですが、心理学的には「残念でした」と言うしかありません。そのことは、すでに本書をお読みになった方には自明でしょう。

この本で伝えてきたことは、まるで正反対のことでした。

「行動を変えることでしか心は変わらない」です。

これは、もちろん私の個人的な見解ではありません。心理学、脳科学、行動経済学といった科学が導き出した、「変わるための方法論」における正解なのです。

３つのＳＴＥＰを通じて、あなたは「変わるためにはまず行動」という習慣を身に付けたはずです。

「考え方を変えれば行動が変わる」という間違った方法論に再び陥らないように、少しだけ注意していただければと思います。


ここまで来たら、もうあなたの人生には「変われたらいいな」とか「どうしたら変われるだろう」といった悩みはなくなっているはずです。

もしかしたら、「変わりたい」という願いさえ自覚しなくなっているかもしれません。

なぜなら、**「変わりたい」と思った瞬間には行動し始め、変わり始めているのですから。**

常に変化していることが当たり前になり、そのプロセスが楽しめるようになる。

あなたのポジティブ・チェンジは始まったばかりです。

そして、変化に終わりはないのです。

メンタリストＤａｉＧｏ

［著者紹介］

メンタリスト　DaiGo

慶応義塾大学理工学部物理情報工学科卒業。人の心を作ることに興味を持ち、人工知能記憶材料系マテリアルサイエンスを研究。大学在学中にイギリスのメンタリスト、ダレン・ブラウンに影響を受けて、人間心理を読み、誘導する技術メンタリズムを学び始める。英国発祥のメンタリズムを日本のメディアに初めて紹介し、日本唯一のメンタリストとして数百のTV番組に出演。現在は、パフォーマーとしてではなく、人間心理の理解を必要とする企業コーポレートアドバイザーや作家・講演家として活動中。ビジネス、話術から恋愛、子育てまで、幅広いジャンルで人間心理をテーマにした著書は、累計90万部を突破。主な著書は、『一瞬でＹＥＳを引き出す 心理戦略。』『男女脳戦略。』（以上、ダイヤモンド社）、『人を操る禁断の文章術』（かんき出版）、『限りなく黒に近いグレーな心理術』（青春出版社）など多数。

●オフィシャルサイト　http://daigo.me/
ビジネスやコミュニケーションに使える心理術を無料公開中。

詳しくはメンタリストDaiGo公式ニコニコチャンネルhttp://ch.nicovideo.jp/mentalistまで。

ポジティブ・チェンジ

2015年10月10日　第1刷発行
2015年11月 1 日　第2刷発行

著　者
メンタリスト DaiGo《だいご》

発行者
中村　誠

DTP
株式会社デジカル

印刷所
誠宏印刷株式会社

製本所
大口製本印刷株式会社

発行所
株式会社日本文芸社
〒101-8407　東京都千代田区神田神保町 1-7
TEL 03-3294-8931［営業］, 03-3294-8920［編集］

＊

Printed in Japan　ISBN978-4-537-26127-1
112150924-112151019 Ⓝ 02
編集担当　水波 康
URL http://www.nihonbungeisha.co.jp/